わくわく・ドキドキ

# 海外一人見て歩き

## 新たな自分と世界の再発見

著 古儀君男

合同フォレスト

# はじめに

海外一人見て歩きを始めてかれこれ20年になる。訪れた国・地域はいつの間にか5大陸、80カ国・地域を超えた。その大半は世界自然遺産や地学の教科書に出てくるような自然が対象となる場所だ。歴史的、文化的に価値の高い文化遺産はほとんど含まれない。

最初のころはただ自分の興味に任せて適当に場所を決めていたが、やがてテーマを絞って出かけるようになった。その結果をまとめたのが『地球ウォッチング－地球の成り立ち見て歩き』(新日本出版社、2013年)、『地球ウォッチング2－世界自然遺産見て歩き成り立ちがわかれば「風景」が変わる』(本の泉社、2020年)である。

最初の『地球の成り立ち見て歩き』では、アルプスやヒマラヤ、ガラパゴス諸島など多くの研究者が注目するところや教科書に載っている有名な場所を訪ね旅行記風にまとめた。

2冊目の『世界自然遺産見て歩き』では、グランドキャニオンやナミブ砂漠、ドロミテなど人気の高い世界自然遺産を前著と同じようなスタイルで紹介した。

今回はこれまでの地質学的なテーマを外し、純粋な旅行体験記とした。海外を一人で歩いていると、病気やケガ、身に迫る危険など様々なハプニング・トラブルと遭遇する。また異国の人たちとの感動的な出会いや逆に不愉快なできごともある。そして自分自身のことや日本のことについて、日本に住んでいてはわからない、海外に出てこそ気づく思わぬ発見もある。こうした私の個人的な体験をテーマごとにまとめたのがこの書籍だ。

海外旅行には時間とお金がかかる。様々なリスクもある。しかし多少なりとも生活にゆとりが出てきたとき、どんなことに生きる価値を見いだし時間とお金を費やすか、私の場合は高額な車や家よりも海外旅行だった。

この本を手にしていただいた皆さんに、一人歩きの楽しさや面白さを少しでもお伝えできればと思う。

古儀 君男

## もくじ



## 第1章 予期せぬハプニング

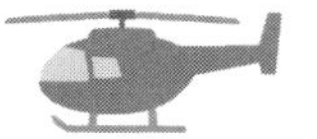



## 第2章　人々との意外な出会い

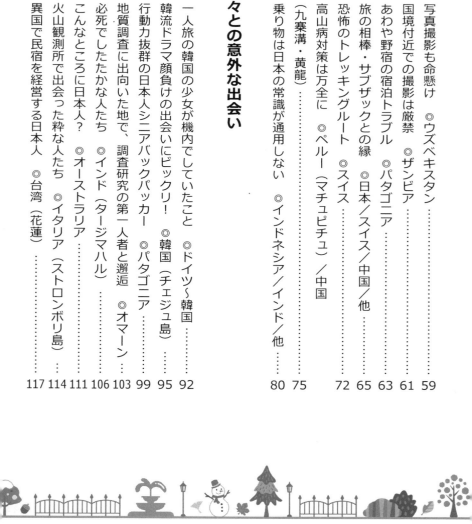

## 第3章 異国の地で日本を考える



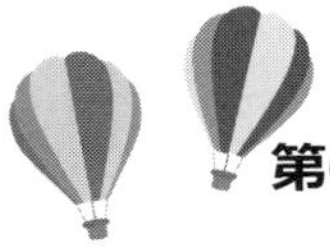

## 第4章 一人旅のコツ

# 第1章 予期せぬハプニング

# 1　海外の犬はあなどれない　◎ギリシャ

「ワン、ワン、ワン……」。小さな公園を抜けると、突然背後に騒々しい犬の鳴き声と足音が迫ってきた。とっさに逃げようとした瞬間、右足の膝の後ろに痛みが走った。必死に振り払うと、「ビリッ」という音と共にズボンが裂け、内側の白いズボン下が丸見えになった。それはほんの一瞬の出来事だった。

「この野郎」。反転してこちらも捨て身で身構え対峙すると、相手の犬は間合いを取るように後退。しばらく吠えたてて私を威嚇していたが、やがて公園の方へ去っていった。

ギリシャ第2の都市テッサロニキ。もうすぐ日が沈もうという夕方、世界遺産ロトンダを歩いているときだった。人通りのある公園でなぜ自分が襲われたのか、まったく予想外の出来事に気が動転し頭の中が真っ白になる。それまで淡々と流れていた旅の時間が突然断ち切られたような感覚だった。

そのとき私はサントリーニ島巡りを終えてアテネに引き返し、帰国便に乗るためイスタンブールに向かう途中だった。1時間半後には夜行列車に乗らなければいけない。列車を乗り継ぐための待ち時間に市内散策をしていたのだ。

偶然にも襲った犬？が写っていた（手前ベンチの上）。奥はテッサロニキ大学。

まずは気持ちを落ち着かせ、傷の具合を確かめるため近くのテッサロニキ大学の建物の陰に入る。幸いズボン下を履いていたのが良かったのか、傷は浅く出血はごくわずかだった。しかし咬まれた部分が赤く内出血を起こし腫れている。鈍い痛みもあるが、この程度なら旅を続けられなくもない。

とはいえ派手に破れたズボンが気になる。替えズボンの持ち合わせはない。今からズボンを新調できるだろうか。英語がほとんど通じないこの街で、周りの人に尋ねることもままならない。どうしたものか？

でも待てよ、犬に咬まれたってことは……。突然狂犬病の恐怖が頭をよぎる。確か何年か前に日本人旅行者がフィリピンで犬に咬まれ、帰国後、狂犬病を発症して亡くなったという新聞記事を読んだことがある。急に不安にとらわれ頭にカッと血が上る。

しかし病院に行くとなれば夜行列車には間に合わない。そうなると予約したイスタンブール発の帰国便にも乗れない。余分な出費と時間がかかる。仕事のことも気になる。どうしよう？　もし狂犬病に感染したとすれば、できるだけ早く治療を始めなくてはいけないのではないか。時間との勝負かもしれない。

お金や仕事よりも治療が優先……！　よし、イスタンブール行きの列車は諦めよう。気持ちは固まった。あたりはもう暗くなり始めている。

そうと決めると腹が据わり、気持ちも幾分落ち着いてきた。幸いここは大学構内だ。学生だったら英語が話せるかもしれない。

ちょうど通りかかった若者に声をかけると話が通じた。事情を説明し、近くの病院を教えてもらう。幸い歩いて15分くらいのところに病院があるようだ。

道行く人にも何度か声をかけて場所を確認し、やっとの思いで病院にたどり着く。気ばかりが焦り、長く不安な道のりだった。みっともない破れたズボンのことより、恐ろしい狂犬病のことで頭が一杯になっていた。

その病院は新しかったが、裏口から入ったせいか受付がなかなか見つからない。表示はすべてギリシャ文字でまったく読めない上に、時間外のせいか人が少ない。

建物内をうろうろし何とか受付を見つけ事情を説明する。ところがなかなか英語が通じない。身振り手振りを交え、破れたズボンと傷を見せてやっと用件をわかってもらったが、どうにも埒《らち》があかない。そうこうするうちに、

「ハロー、どうかしましたか?」

その場のやり取りをそばで聞いていた若い女性2人が英語で話しかけてきた。事情を説明すると、受付の人との間の通訳に入ってくれた。それでようやくわかったことは、すでに診察時間が終わっているので診察はできないということだった。もう夜の7時を回っている。

かといって傷をこのまま放っておくのも不安だ。今日中に治療は受けておきたい。この時間でも狂犬病の予防接種をしてくれる病院がないか、しつこく食い下がる。

そうこうするうちに、若い女性の一人が「じゃ、私たちが別の病院まで車で送ってあげます」と病院の駐車場の方に歩き出した。渡りに船を得るとはこのこと、ほっと胸をなでおろす。

すっかり暗くなったテッサロニキの街の中、どこをどう走っているのか皆目見当がつかないが、まったく見ず知らずの「外国人」を気遣ってくれていることに心底感謝だった。いろいろ話をしていると、彼女たち2人は高校の英語の先生だった。どうりで英語を流

暢に話せるはずだ。とても幸運な出会いだった。感謝の気持ちをどう表したものか、考えているうちに病院に着く。

「病院の中まで案内してあげたいけど、実は私たちの友人が交通事故を起こして重篤な状態なの。だから急いでさっきの病院まで戻らなくてはいけないの。ごめんなさいね」

そうだったのか。だから先ほどの病院のロビーで待機していたわけだ。そこにたまたま私が行き合わせたのだ。

深刻な状況の中で、私のためによけいな時間を取らせて申し訳ない気持ちと感謝の気持ちで一杯になる。「サンキュー・ソー・マッチ」だけでは意は尽くせず、もっと気持ちのこもった言葉をと考えるが、乏しい語彙力ではいかんともしがたい。彼女たちは友達のことが気がかりで急いでいる。何回も「サンキュー」を繰り返す以外すべがなかった。

彼女たちと別れた後、せめて名前とメールアドレスくらいは聞いておくべきだったと、もどかしさを感じながら病院に入る。ギリシャ語のありがとう「エフファリストー」を覚えておくべきだった。

中に入ると、先ほどの病院とは打って変わって大勢の人でごった返していた。外科の受付を探そうにも病院が大きすぎてなかなか見つからない。身振り手振りでいろいろ尋ねまくってやっと外科にたどり着いたが、ここでも大勢の人が廊下に溢れている。受付で「H

30」と書かれた番号札をもらうが、表示板はEの50番台。どういう順番なのかよくわからず、気持ちが焦る。

とにかく順番を待つしかないが、周りを見回すとほとんどが地元のギリシャ人で質素な身なりの人が多い。外国人とわかるのは自分一人だけだった。

待つこと約1時間、やっと順番が回ってきた。どうやら順番を少し早めてくれたようだ。ベッドが3つ4つ並んだ広い診察室に入ると、一人のドクターの周りに3、4人の若い男性がいた。研修医だろうか、何か物々しい。

早速ベッドでうつ伏せになって傷口を見せる。少し傷口が開き、やはり狂犬病のリスクがあるようだ。幸いドクターには英語が通じた。

「2時間ほど前に大学の近くの公園で犬に咬まれました」

「日本で狂犬病の予防接種はしてきたかい?」

まさかギリシャで犬に咬まれるなんて思ってもいなかったので、もちろん「いいえ、していません」

「その犬はどんな具合だった?　飼い主は誰だい?」

「私は日本からの旅行者。たまたまこの街に来て、いきなり後ろから咬まれたのです。ほんの一瞬の出来事で、犬の様子も飼い主がいるのかいないのかもわかりません」

としか答えようがない。しかし咬んだ犬の様子くらいはしっかり観察しておくべきだったのだ。ヨダレを流して異様な様子はなかったかどうか、狂犬病を発症しているか否かのポイントらしい。無論あのとき、そんな余裕はまったくなかった。

治療は意外なものだった。傷口に消毒スプレーをかけておしまい。包帯もなし。え〜っ、そんな〜。

「狂犬病ワクチンの接種をしてもらえませんか?」と尋ねると、

「処方箋を書くからファーマシーに行きなさい」と言う。

「エッ、ファーマシーってどこですか?」

後になって「薬局」のことだとわかったが、恥ずかしながら当時は知らない単語で、すぐには理解できなかったのだ。

「処方箋に書いたこの2本がワクチン。ファーマシーで注射してもらっても良いし、この病院に持ち帰って注射することもできます。後の薬は抗生物質で、飲み方をここに書いておきます」

「わかりました。ありがとうございます。すみませんが、この書類に診察内容を書いてもらえませんか?」

と、海外旅行保険の申請書を手渡す。

しかし、ドクターには書類がよくわからないのか、若い研修医（？）と相談していたが、この診断書はここでは書けないらしい。どういうことだろう。

「今日犬に咬まれて治療しました。その治療内容を書いてもらえばいいんですけど……」と説明するが、ファーマシーで書いてもらえという。

どうやらこの病院は「公立病院」で、治療費は要らないらしい。1枚の処方箋を受け取り、診察は終わった。

しかし病院の診察がタダとは驚きだった。しかも突然駆け込んできた通りがかりの外国人の私にも無料とは（その後、タイでも同じ経験をした）。日本の医療システムとはえらい違いだ。先ほどの病院は有料の私立だったのだろうか、この病院には質素な感じの人たちが多かった。ドクターと看護師に感謝の意を伝え病院を出ると、すでに夜の8時半を回っていた。

薬局は歩いて20分ほどの距離にあった。欧米の街でよく見かける住所表示で、通りの一方が偶数、他方には奇数の番地が割り振られ、建物の壁にきっちり表示されているので見つけやすかった。店に入り、ファーマシーとは日本でいう病院外の処方箋薬局のことだとわかる。

ここでも長時間、待たされるはめになった。ワクチンと薬はすぐ手に入ったが、注射と

狂犬病のワクチンを接種してもらったファーマシー（薬局）。

旅行保険証明書の発行に手間取る。夜の9時を過ぎているというのに人の出入りが絶えず、3人の薬剤師（?）が忙しく対応している。客足が途切れるまで待ってくれという。どうやら明日がたまたまギリシャの「独立記念日」で休日。しかも2、3日前までギリシャ全土でゼネストが行われていたことなどが重なり、病院も薬局も混雑しているようだった。

1時間近く待たされてやっとワクチンの注射をしてもらい、証明書を書いてもらう。ギリシャでは薬剤師の注射行為はOKなのだ。ちなみにワクチン2本と薬1週間分の支払額は22・3ユーロ、当時の為替レートで約3500円だった。

すべて治療が終わり、薬局を出たときはすでに午後10時を回っていた。突然犬に咬まれてから長い4時間だった。

その後タクシーを拾って薬局から駅まで戻り、預けてあったコインロッカーの荷物を取り出す。列車はすでに出発した後だったが、窓口で事情を話すと運賃の7割ほどが戻ってきた。

駅前のホテルに宿を取り軽く夕食を済ませる。その間にインターネットで調べると、テッサロニキを朝一番の飛行機でアテネに戻りイスタンブール行きの飛行機に乗り継ぐと、帰国便に間に合うことがわかった。ズボンの破れはホッチキスを借りて仮止めすると、なんとかいけそうだ。

## 犬に狙われやすいタイプがある!?

こうしてやっとの思いで関西空港にたどり着いた。そして入国審査場の手前にある検疫所で狂犬病について相談することにした。

詳しく事情を話すと検疫官の一人が資料を示しながら狂犬病について説明してくれた。

「ごらんのように、最近のギリシャでは狂犬病の発症報告はありません。しかし近隣の東欧諸国では狂犬病が発生しています。ヨーロッパは陸続きですから、ギリシャが安全とはいません。報告漏れの可能性も否定できませんし……」

日本のようにほぼ100％安心とはいかないようだ。ギリシャのドクターと同じように、犬の状態と飼い主のことを聞かれたが、当然答えることはできず不安が残った。

「わかりました。ではどうしたら良いですか？」

「狂犬病は発症すると100％死亡します。有効な治療法がないからです。ギリシャですぐワクチンを接種されたようですが、後5回、病院でワクチン接種をした方がいいですよ」

1回打てば安心と思っていたので少々意外だった。ワクチンは、咬まれたその日、3日後、7日後、14日後、30日後、90日後と合計6回接種するらしい。やっかいなことになったが、命には替えられない。治療費も海外旅行保険から全額支給されるようなのでこの点は安心だった。

日本で傷口を診察した医者は、「なるほど、犬もちゃんと急所を狙っていますね。このあたりには動脈があり、もう少し傷が深ければやっかいなことになっていたかもしれませんな……」

と妙に感心した様子だ。足がむき出しの短パンではなく、長ズボンとズボン下を履いていたのが良かったようだ。最近は短パンで旅行する人をよく見かけるが、万が一のことを考えると、やはり長ズボンの方が安全だと改めて思う。

「人通りのある公園でなぜ犬が私を狙って襲ってきたのかよくわからないんです」

と言うと、「咬まれやすいタイプの人がいるみたいですよ。犬は何か感じるんでしょうね」

そう言われると確かに私は犬やネコが好きではないし、あのときもちらっと犬を横目にして避けるようにして通り過ぎたのだ。そのちょっとした振る舞いが犬に敵対心を持たせたのだろうか。


（２０１３年２月22日）

## 2　やっぱり犬は怖い！　◎パタゴニア

ギリシャでの一件があって以来、犬に対して異常に神経質になった。町中を歩くときはたいてい犬に関心がいく。もし犬が目に入れば彼らの気を引かないよう遠回りするか、他の人の陰になるようにして歩く。

最近の日本ではほとんど見かけないが、海外の田舎町にはやたらと野良犬や放し飼いの犬が多い。これが私にはやっかいな問題なのだ。

南米パタゴニアのトレス・デル・パイネ国立公園に行ったときのことだ。拠点となる小さな町プエルト・ナタレス（チリ）もやはり野良犬が多い。

野良犬が多いプエルト・ナタレス。奥の海はマゼラン海峡へとつながる。

通りを歩くとあちらこちらに犬がうろうろしている。歩道で寝そべっているものから、やたら吠えたてるもの、中には喧嘩している連中まで いる。もう緊張の連続だった。この町の人たちや旅行者はよくこんなところを平気で歩けるものだと感心するほどだ。きっと少なからずの人が野良犬に咬まれているに違いない。南米では狂犬病にかかる人はかなりの数にのぼるようだ。

昼間はまだ対処の仕方がある。犬がいる反対側の歩道を歩く、地元の人について一緒に歩く、絶対に犬の方を見ないなどだが、場合によっては通りを1つ2つ変えることもできる。

ところが問題はこの町からアルゼンチンのエル・カラファテに向かうバス停までの道だった。バス乗り場はホテルから歩いて20分足らずのところにあった。バスの出発時刻は早朝の7時。ちょうど日の出の時間で、ホテルを出るころはまだ暗い。当然道行く人も少ない。しかし野良犬たちは早起きである。薄暗がりの中で荷物を背負って道を歩いて行けば、野良犬たちの注目の的になることは目に見えている。それでなくても人相の悪い（？）私のこと、ギリシャの二の舞は絶対に避けたい。このバス停問題は町に着いてバス乗り場を確認したときからの悩みの種となった。

やはり安全最優先だ。ホテルのフロントで事情を説明し、わずかな距離しかないがタクシーの早朝予約を頼んでみた。ところがどうも話が前に進まない。チリはスペイン語圏内で英語が通じにくいこともあって、なかなか埒があかないのだ。

何度もやり取りしてようやくわかってきたのは、最近、宿泊客が同じように早朝タクシーを前日に予約したけど、結局タクシーは来なかったということらしい。

「じゃ、朝6時になったらタクシーを呼んでもらえませんか？」と聞いてみると、「ボーイは朝の6時20分にならないと来ない。その時間にフロントには誰もいない」と言う。ここは宿泊客20人ほどの小さなホテルなのだ。6時20分にタクシーを呼んでもすぐ来る保証はないので、これも当てにならない。何もかも融通が利かない。

今のホテルをキャンセルしてバス停近くのホテルに替えようと連絡を入れてみたが、あいにくの満室だった。

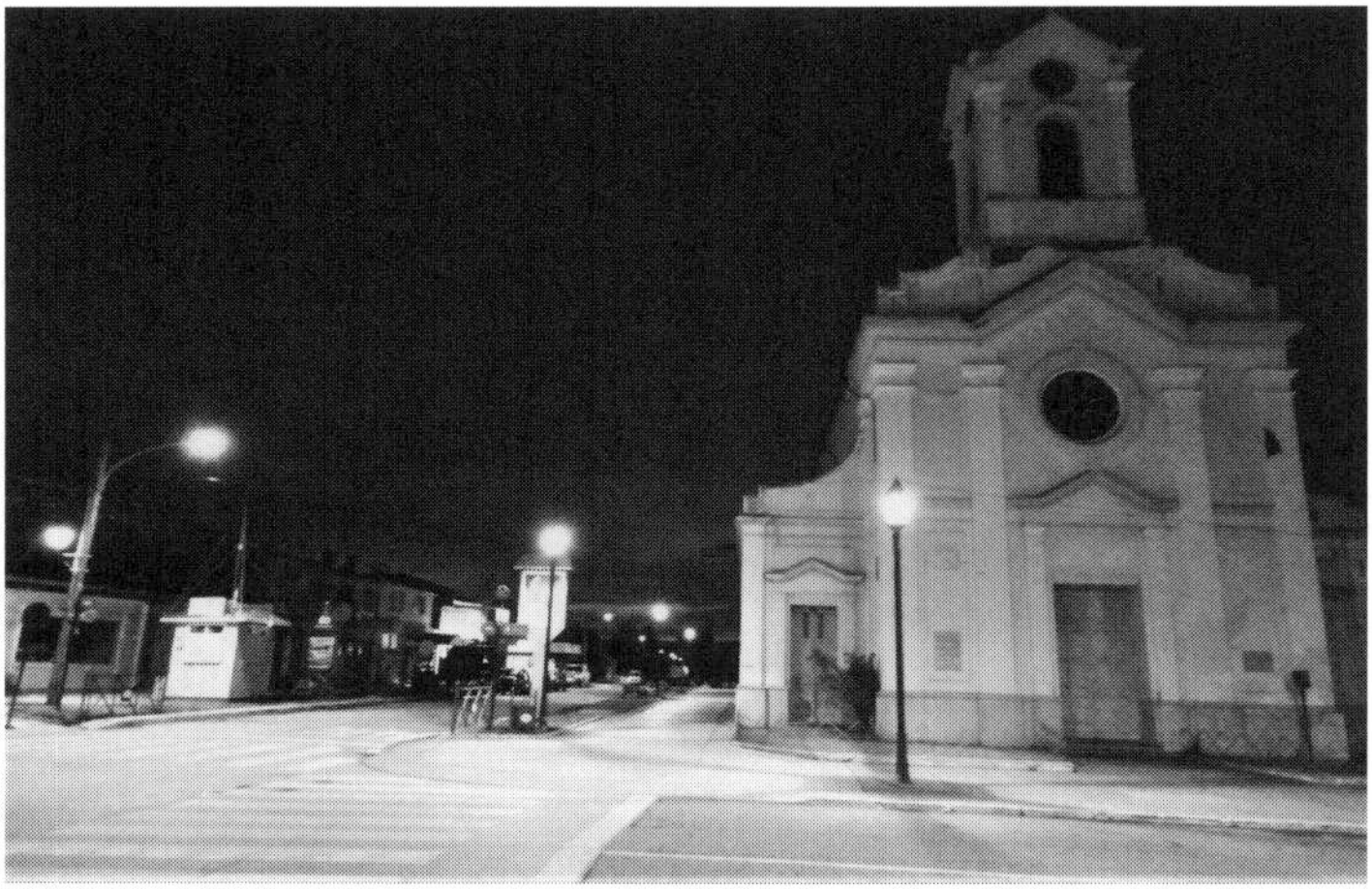
プエルト・ナタレスのバス停前の教会。早朝6時30分、まだ夜明け前だ。

こうなれば一か八か、当てにならないタクシーを予約するしかない。もし来なかったら覚悟を決めてバス停まで歩くまでだ。けげんな顔つきのフロントスタッフに無理矢理予約電話を入れてもらう。

翌朝、5時20分に起床。バナナとジュースで簡単に腹ごしらえをし、荷物を整える。タクシーが来ず歩くことを想定して、服を重ね着し、最後に合羽を羽織る。厚着をすれば傷は浅くて済む。ギリシャの教訓だ。

玄関ロビーで待つこと15分。ホテルの前に1台の車が止まった。予約したタクシーだ。6時5分、ほぼ時間通り。すっかり取り越し苦労の幕切れだった。我ながら神経質な自分にあきれるばかりだ。

（2004年3月24日）

## 3　みかん1個に究極の選択を迫る空港職員　◎ニュージーランド

私はみかんが好物だ。ほぼ1年中、食している。

2001年12月、ニュージーランドに出かけた際にも手荷物の中にみかんを2、3個入れて行った。空港や機内で食べるつもりだった。

問題はニュージーランドに着いて、オークランドの空港で手荷物検査を受けたときに起きた。X線カメラのモニター画面を見ていた係官がもう一人の係官にひと言ふた言、声をかけた。するとその係官が私に「バッグの中を調べます。ちょっとこっちに来て下さい」と言って私をテーブルの方に誘導。そこでバッグを調べると、中からみかんが1個出てきた。機内で食べるのを忘れていたのだ。どうやらこれが問題らしい。しかし、そのとき頭に浮かんだのは、「たかがみかん1つ。ここで食べてしまうなり、ゴミ箱に捨てれば済むだろう」ということだった。

ところがである。係官は私が機内で書いた入国カードを手に、「あなたはこの入国カードの『果物の持ち込みはありません』にチェックを入れています。ちょっとこっちに来て下さい」と私を別室に連れて行ったのである。まったく予想外の展開だった。「ちょっと待って下さいよ。みかん1個じゃないですか」と言いたいところだったが、当時はそんなに英語をきちんと話せる状態ではなかった。しかも係官の表情は真剣だ。急に不安になり、動悸が激しくなって冷や汗が出てきた。

確かに機内で入国カードに記入したときは、1項目ずつ内容を確認しながらチェックを入れたはずだ。果物の欄もみかんはすべて食べてしまったと思い込み「いいえ」にチェックを入れたのだ。ところがうっかり1個が残っていた。バッグ内の確認を怠ったのがまずかったのだが、後の祭りだった。係官は緊張する私をイスに座らせ、1枚の紙を見せた。

「これをよく読んで、これからどうするか選んで下さい」

と言う。日本だったら、「これから気をつけるから今回は勘弁してよ」と食い下がったかもしれないが、ここではそうもいかない。

日本語版があればすぐ理解できるのだが、渡された紙はすべて英語で書かれている。まったく知らない初めての単語も多い。係官は4つある選択肢から1つ選べ、と言っているようだ。わからない単語を1つずつ電子辞書で調べていくと時間がかかった。面倒くさい作業だった。

苦労の結果ようやくわかってきたのは、おおよそ次のような内容だった。

①ニュージーランドには入国せず、直ちに国外に出る

ニュージーランドの自然は18世紀に入植者によって大きく変えられた。

②ニュージーランドの裁判所で裁判に訴える
③罰金300NZドル（約2万円）を支払って入国する
④日本大使館と連絡を取る？（記憶が曖昧）

たかがみかん1個で、①、②、④の選択はないだろう。当然③しかない。

「すみません。罰金を支払います」

と伝えると、その係官はひと言、「グッド・チョイス！」

こちらにしてみれば、グッド・チョイス（賢明な選択）も何もあったものではないが、2万円で釈放されるのなら良しとすべしだった。

早速、書類にサインをして300NZドルをクレジットカードで支払う。

とんだ入国騒動だった。みかん1個約2万円とはあまりにも厳しい。しかも今回の旅行用にと初めて作ったクレジットカードの最初の支払いが何と罰金2万円だった。今となっては愉快で懐かしい思い出だが、そのときはかなり気持ちが落ち込んだ。

しかしその一方でさすがはニュージーランドだ、とも思った（というか、そう思いたかった）。それはこの国の苦い歴史にある。

ニュージーランドは18世紀にヨーロッパからの入植者によって開拓が始まった若い国だ。19世紀後半からはその数が増え、それに伴って国土の約70％を覆っていたブナやシダ植物などの原生林は20％にまで激減。ヨーロッパなどから持ち込まれた動植物が、飛べない鳥モアなど多くの固有種を絶滅へと追いやってしまったのだ。今私たちが目にする美しいニュージーランドの自然の大半はこの国本来の姿を留めていない「自然破壊」の産物なのだ。

ニュージーランドは今自然保護大国に変わっている。単なる保護ではなく、失った自然を元に戻す復元作業が行われている。国土の約3分の1が自然保護区に指定され、自然保護省（DOC）の管理下にある。過去への痛烈な反省が生かされているのだ。そんなことを考えると、海外からの動植物の持ち込みを許さない厳しい当局の姿勢は理解できなくもない。

（2001年12月22日）

第1章

## 4　英語が聞き取れず浦島太郎に……　◎ギリシャ

海外旅行を始めたころ、私の英語力はかなり貧弱だった。挨拶や質問など基本的なフレーズさえ使えればなんとかなると思っていた。実際にそんな状態で何カ国か一人旅を続けてきた。ところがあるとき英語力の必要性を認識させられる出来事があった。

ギリシャのエーゲ海にアトランティス伝説で知られるサントリーニ島がある。この島ではミノア文明が栄えた紀元前16世紀ころに巨大噴火が発生し島の中央部が陥没、一夜にして海の中へと姿を消してしまった。そこでこの島で起きた天変地異がアトランティス伝説の元になったのではないか、とする歴史ミステリーと美しい火山島の景観が多くの人々を惹きつけるようになった。

アテネから中型プロペラ機に乗ってサントリーニ島に向かったときのこと。朝まだ早く暗い中での離陸だった。海に出てしばらくすると機体が少し揺れ始めた。かなり風が強いようだ。プロペラ機はジェット機とは違って低空を飛ぶので風の影響を受けやすいのだ。

機体の揺れがしだいに激しくなってきた。不安な思いでいると機長のアナウンスが入った。ギリシャ語に続いて英語の説明。しかしかなりの早口でエンジンの騒音もあって内容

断崖絶壁にへばり付くようなサントリーニ島の町並み。右側がカルデラ。

がほとんど聞き取れない。すると急に機体が大きく傾いて、前のめりの力が働いたかと思うやすぐ目の前に小島や海が迫っており、あわや墜落かと思えるほどだった。

やがて機体は安定を取り戻し、しばらくすると着陸態勢に入った。眼下の景色の感じからサントリーニ島ではなさそうだ。規模からするとサントリーニ島の南にあるクレタ島かもしれない。

何がどうなっているのかさっぱりわからないままタラップを降り、到着ロビーに向かう。途中で空港スタッフに「ここはどこですか？」と声をかけてみたが、きょとんとされるだけで返事はなかった。しばらくして、あちこちに掲げられた看板の文字（ほとんどがギリシャ文字）や雰囲気から、ここがアテネ、出発した空港に引き返していたことがようやくわかってきた。すると先ほど職員に尋ねたことが、急に恥ずかしくなってきた。スタッフにしてみれば、「なんだこいつは、変なヤツ」と思えただろう。

この後、航空会社のカウンターで航空券の払い戻し手続きを済ませ、今日のうちにサントリーニ島に行く方法がないかスタッフに聞いてみると、アテネ（ピレウス）港から夕方の高速船に乗れば今日の夜には島に着くという。早速、地下鉄で港へと向かう。

結局、夜9時過ぎに半日遅れでなんとかサントリーニ島にたどり着くことができた。旅にはハプニングはつきものだが、状況をきちんと判断するためには機内や空港のアナウンスが聞き取れるくらいの英語力は必要だった。世界の共通言語となりつつある英語はたいていの国・地域で通じる。この件をきっかけに意識的に英語学習に取り組むようになった。

（2008年3月21日）

## 5　気をつけるのは水だけではない！　◎ネパール

気候や食事、生活リズムが変わる海外では体調不良に陥ることがある。特に腹痛・下痢が一番多く、これまで何度も経験した。最もきつかったのはネパールでの体験だった。

アンナプルナを仰ぎ見ながら歩くポカラのトレッキング。

春休みを取ってポカラを起点にアンナプルナ山域のトレッキングを計画。入山許可を取りガイドを手配する日の前日、ポカラ近郊で足慣らしのためのミニトレッキングを試みた。

小高い丘の上から朝日に輝くアンナプルナ連峰を眺めた後トレッキングを開始。青空の下、ピラミッドのように鋭いマチャプチャレやどっしりしたアンナプルナを仰ぎ見ながら、のどかな農村地帯を歩くトレッキングは爽快だった。

牛を使って畑を耕す農夫、水くみ場で賑やかに洗濯に精を出す女性たち。昔の日本のそこかしこにあったどこか懐かしい光景が続く。道ですれ違う子どもたちも人なつっこく、中には一緒について歩く子もいる。みんな明るく屈託がない。それに年長の中学生（？）はけっこう英語が話せる。学校で勉強しているらしい。

フェワ湖から望むアンナプルナ 8091m（左）とマチャプチャレ 6993m（右）。

その日は朝が早かったので早めに小さな茶店でチャイ（ホットミルクティー）を頼んでパンとバナナの簡単な昼食を取る。

ところがこの後がいけなかった。フェワ湖に下りる途中から急にお腹が痛みだす。朝か昼に茶店で飲んだチャイに問題があったのか、今までに経験したことのないような痛みだった。少し吐き気もあり、休み休み山を下りる。

途中でバスを拾い、夕方にはなんとかホテルにたどり着いた。このまま病院に行くかどうか少し迷ったが、当時のガイドブックには「病院に行く際には自分で注射器を持って行った方が良い」と書いてあり、ここでは感染症をもらうリスクがある。それに朝早くからのトレッキングと腹痛で病院を探す気力もない。そのうち治まるかもしれないと思い、夕食を取らずにそのままベッドで横になる。ところが夜中になって吐き気で目が覚め起き上がろうとしたら思わず胃の中のものを吐いてしまった。症状は悪くなる一方だった。

翌朝、日本から持ってきた胃腸薬が効いたのか痛みは和らいでいたが吐き気は治まらず、少し熱も出てきて下痢が始まった。動けないことはないがこの状態ではアンナプルナのトレッキングは厳しい。1日ホテルで休養し様子を見ることにする。

お昼前に近くの食堂で簡単に食事を済ませ、またベッドで横になる。しばらく昼寝をしてテレビのスイッチを入れるとNHKが緊急報道番組を流していた。M6・9、最大震度6強を記録した2007年の能登半島地震の発生だった。ここネパールもインド亜大陸の衝突による影響で地震が起きる。同じような地震が発生すればこのホテルは倒壊しそうだ。被害が小さく収まることを願う。

次の日も下痢は相変わらずだったが、レンタサイクルでポカラ市内を散策する程度の元気は戻ってきた。フェワ湖や国際山岳博物館、オールドバザールなどゆっくり見て回るうちに少しずつ体調も良くなってきた。とりわけフェワ湖西岸から湖越しに望むアンナプルナ連峰のどっしりした姿や青空に鋭く聳《そび》えるマチャプチャレの雄姿は素晴らしかった。

下痢が治まったのは帰国後。結局1週間かかってしまった。

（2007年3月24日）

## 6　外国の沙汰も金次第　◎カンボジア

こういうことを書くのはちょっとはばかれるが、カンボジアでのことだった。

ベトナムのホーチミン市から隣国カンボジアの世界遺産アンコールワット（シェムリアップ市）までは飛行機でおよそ1時間。日帰り可能な範囲にあり、V航空の1日往復チケットを購入しアンコールワットに向かった。

朝8時20分発の飛行機は空席が目立ち乗客はたったの6人。出入国の手続きもスムーズに進み順調な出だしだった。

アンコールワットの遺跡群は奥深い熱帯林の中にある。東京23区に匹敵する広大なエリアに数百を超える寺院跡があり、その中心にクメール王朝のアンコールワット遺跡がある。砂岩のブロックを積み上げた壁面に彫られた彫刻は繊細で見応えがある。

遺跡での滞在時間は復路便の都合で6時間ほどしかなかった。広大な遺跡群を代表するアンコールトムとアンコールワットを見て回るのがやっとだったが、その雰囲気は十分楽しめた。

午後4時半、タクシーを拾ってシェムリアップ空港に戻る。問題が起きたのはV航空の

アンコールワットの彫刻。砂岩からなる壁に深く刻まれ繊細で美しい。

チェックイン・カウンターで搭乗券を受け取ろうとしたときだった。今日の便は発券できないというのだ。理由は日帰りの出国を認めないカンボジア・ルールにあるという。そんなルールは初めて知ったが、カンボジア国内で最低1泊の宿泊が必要だという。しかし今日中にベトナムに戻らないと明日からの予定がくるってしまうので、どうにかしてホーチミンに戻りたい。

そこで思いついたのがeチケット（電子航空券）だ。このチケットには同じ日付の往路便と復路便が記載されており、日帰り可能なチケットになっていた。カンボジア・ルールに従えばこの日程では予約の段階でeチケットの発行はできず無効なはずだ。つまり何も知らなかった私のミスではなく、本来は利用不可能な復路便を発行したV航空のミスともいえる。この矛盾

世界文化遺産アンコールワット。12 世紀に建造が始まった石造りの寺院。

をカウンタースタッフに伝え、なんとかして欲しいと粘ると、少し待ってくれという。15分ほどしてスタッフがちょっとビックリする提案を持ってきた。パスポートに25USドルを挟んで出国審査を受ければパスできるという。つまり賄賂を渡して出国許可をもらう、ということでスタッフと出国審査官の間で話がまとまったのだ。

午後5時5分、スタッフの誘導でイミグレーションへ向かい、話のついた審査官の窓口へと進む。すると係官は何食わぬ顔でパスポートに挟んだ紙幣を抜き取り、出国印をポンと押してくれた。緊張の一瞬だったが無事通過。見送ってくれたV航空のスタッフに手を振ってお礼を伝え搭乗口に向かった。（2009年3月29日）

## 7　突然タクシーに乗り込んできた男の正体　◎ネパール

初めて行く国に一人で深夜に入国する際には何かと不安が付きまとう。特に治安の良くない国の場合はトラブルに巻き込まれるリスクがあり、できるだけ明るい昼間に入国するよう心がけてきた。しかしネパールに行ったときはそうもいかず、深夜の入国となった。首都カトマンズの空港でビザの取得などの入国手続きを終え、到着ロビーに出るとすぐ大勢の男に取り囲まれた。ホテルや旅行会社、タクシーの客引きでかなりしつこい。中には荷物に手をかけ、車乗り場に持って行こうとする強引な男もいる。ロビーで荷物を持って一人キョロキョロしている私は格好のカモだったのだろう。長距離のフライトで疲れ頭がボーッとしているところに、いきなりこういう出迎えはきつい。

力ずくで追い払うわけにもいかず、すべて無視して空港内のタクシー・カウンターに向かうと、しばらく彼らも後に付いてきたが、私にその意思がないことがわかると諦めてどこかへ行ってしまった。こういうときは、きっぱりした態度で断り無視するのが一番。タクシーについては、自分でドライバーと交渉するより料金前払いのチケット制タクシーの方がぼったくられる心配もなく何かと安心だ。

カトマンズの中心ダルバール広場。古い寺院が建ち並ぶ観光名所。

しかしことはそう簡単にはいかなかった。タクシーに乗ってほっとひと息するや、見知らぬ男が一人乗り込んできて出発となった。貸し切りのはずなのに、いったいどういうことだろう。男とドライバーが何か話しているが、何を言っているのかネパール語はさっぱりわからない。深夜のカトマンズのこと、外は真っ暗。街灯はどこも薄暗く不安が募る。このままどこかに連れ込まれ、2人に荷物や貴重品を盗られても私一人ではどうにもならない。

しばらくするとその男がたどたどしい日本語でホテルをいくつか紹介し始めた。ホテルはすでに予約してあったのでホテルは要らないと言っても、こっちのホテルの方が良いから変更しろ、としつこい。ここでもすべて無視したが、いったいこの男は何者だろう。

20分ほど走っただろうか、タクシーはカトマンズ市内の薄暗い住宅街で停まった。周りにホテルらしき建物は見当たらない。なぜこんなところで停まるのか、わけがわからず不安になる。すると男はもう一度、ホテルや旅行会社の斡旋をして埒が明かないとわかるとタクシーを降りて暗闇に消えていった。どうやらこのあたりに男の住む家があるらしい。この男は荷物を持たず身軽な格好だったことから空港で働く者か、ひょっとすると空港ロビーで私を取り囲んだ男の一人だったのかもしれない。おそらく仕事を終えて私のタクシーに便乗してきたのだろう。

得体の知れない男が去ると今度はタクシーのドライバーが予約したホテル（ゲストハウス）を見つけられず、あちこちうろうろし始めた。ホテルはカトマンズの中心街・ダルバール広場の目の前にありすぐにわかると思っていたが、ホテルに電話で場所を問い合わせてやっとたどり着いた。ほんの30、40分ほどのことだったが、実際よりはるかに長く感じる深夜のドライブだった。

（2007年3月22日）

## 8　無免許運転にも寛大な対応にビックリ　◎タイ

首都バンコクに次ぐタイ北部の大都市チェンマイは日本人に人気の街だ。亜熱帯でありながら比較的穏やかな気候で物価が安く治安も良い。のんびりした古都の雰囲気もあって年金暮らしの長期滞在者が多い。私も毎年1〜3月に日本の寒さと花粉症を避けるため、2カ月ほどコンドミニアムを借りて暮らすことにしている。

市内での移動は中型トラックの荷台に屋根と座席を付けたソンテオかトゥクトゥクと呼ばれるオート三輪車が一般的だが、地元の人たちの多くはバイクを使っている。最近は自家用車が増え渋滞や排気ガスの問題もあるが、暑い国で風を切って走るのは爽快だ。

しかしその半面、バイク事故が増え警察の取り締まりも厳しくなっている。特にヘルメットのチェックは厳しく、ヘルメットをかぶらず捕まる人が多い。

免許証も当然チェックされるが、無免許運転の場合はその場で500バーツ（約1800円）を支払い受け取り書が渡される。私も免許不携帯で捕まったことがあるが、そのとき警察官から、「またどこかで取り締まりにあったらこの書類を見せれば大丈夫。5日間は有効だからなくさないように」と言われ驚いた記憶がある。つまり500バーツ支払ったので5日間は無免許でバイクを運転しても良いということだ。日本では考えられないが、タイならではだ。私にとってはこの寛容さ、大らかさ（？）がギスギスした日本とは違うチェンマイの魅力でもある。

またチェンマイの警察官は総じてマナーの良い日本人に好意的だ。かつて無免許運転で捕まったとき私が日本人という理由で無罪放免となったことがある。

日本で国際免許証を取得すれば海外でもバイクに乗れるが、有効期限はたったの1年。毎年手続きするのも面倒なのでチェンマイでバイクの免許を取得することにした。

まずはパスポートのコピーやコンドミニアムの滞在証明書、健康診断書などの書類を持って陸運局へ出向き、色覚や反応速度などの適性検査を受ける。続いてタイ語のビデオと日本語パンフレットでバイクの法令を学習する。

次の日はいよいよ法令試験。試験（日本語版あり）はコンピュータで行い選択式の50問を回答、9割（45問）以上の正解で合格となる。同じ問題が繰り返し何度も出てくる変な試験だが、9割以上の正解はそう簡単ではない（かつては8割で合格。たとえ合格点に少々及ばなくても2回受験すれば合格をもらえたという）。不合格の結果が出ると画面上で自分の間違いをチェックできる点や午前と午後の2回無料で受験できる仕組みはありがたいが、2回、3回と繰り返し出題される同じ問いを間違うと致命傷となる。

受験3、4回目のころには正解がだいたい頭に入ってくる。合わせてアレッ!?と思う問題もいくつかあることがわかってきた。正解そのものがどうもあやしい。試験官に問い合わせるとやはり「正解」が間違っていた。なんのことはない、今まで44点や42点で不合格だった試験は合格だった可能性が出てきたのだ。しかし今となっては後の祭り。

試験官にどうすれば良いか尋ねると、「間違った答えの方を覚えて次の試験を受けなさい」と言う。「え〜ッ、そんなことってありなの!?」。コンピュータの採点システムを変更することが難しいというのだ。笑い話のようだが合格するためには試験官の指示に従うより仕方がない。

結局、3日間5回受験してやっと法令試験に合格した。すると引き続いてバイクに乗った実技試験が行われる。坂道やコーンの間のジグザグ運転、幅50㎝ほどの狭い通路の走行など、日本の場合とさほど変わらない。大きな違いはこの実技試験のために自分でバイクを用意しなければいけないことだ。つまり試験会場の運輸局まで無免許運転でバイクを持って来い、と言っているようなもの。先ほどの罰金といいバイク免許の取得の方法といい、タイではかなり寛容だ。

何事も規則、規則でがんじがらめになっている日本人からすればなんといい加減な……、と思われるかもしれないが、タイのこうしたやり方は大らかで、ある意味楽しいし面白い。内容と程度にもよるが、私たちの生活にもう少しいい加減さ、寛容の精神があっても良いのではと思う。

（２０１８年１月23日）

## 9　外国人の医療費はタダ!?　◎タイ

タイ北部には農山村地帯が広がり、のんびりとしたバイクのツーリングが楽しめる環境にある。道路はよく整備され、主要道路にはバイク専用レーンが設けられているので走りやすい。ちょっとした町にはたいてい安宿があって予約なしでも泊まれるし治安も良い。タイ北部、ミャンマーとの国境近くに小さな町アルノータイがある。チェンマイからおよそ110km、バイクで日帰り可能な町だ。ここに評判のギョーザ屋があり、国境見学も兼ねて友人のK氏と2人で出かけることにした。

この日もよく晴れて暑い。ツーリングには快適な日だった。チェンマイの街を抜けしばらくするとのどかな田舎の風景が広がった。道路はよく整備され行き交う車も少なく順調に進む。

途中で何度か休憩しのんびり走ること3時間、お昼前に目的の町に着いた。ギョーザ屋は道沿いにあるはずだが、すんなりとは見つからない。こんなとき、スマートフォンのオフライン地図アプリ「MAPS.ME」が便利だ。インターネットに接続しなくてもGPS機能が働く。スマホを取り出して探すと数十m先にその店はあるようだ。車もほとんど通らない安全な道だったので、日本では交通違反とわかっていながら横着にもスマホを左手に持ち、ゆっくりと片手運転で店に向かった。

それはアッという間の出来事だった。急にハンドルを取られたかと思うやいなや一気にバランスを崩しバイクごと左側に転倒。一瞬何がどうなったのか理解できなかったが、バイクの前輪が道路端にできた5㎝ほどの段差に落ちハンドル制御ができなくなったのだ。自転車並みの速度だったのでケガは大したことはないと思いバイクに挟まった左足を抜くとズボンが破れ、すねが裂けて少し血が出ていた。さらに身体を点検すると、手と足、そして顔にも擦り傷ができ血がにじんでいた。かなり広い範囲に擦り傷ができているのが意外だった。

このままツーリングを続けるかどうか迷っていると、すぐ目の前で事故を見ていた若い女性2人が「ホスピタル！　ホスピタル！」と声をかけてきた。そこはちょうど洗濯屋の前で4、5人の女性がたむろしていたのだ。

さらに自分たちのバイクに乗って湖の方向を指さし、私たちの後に付いてこいの仕草。言っている言葉はわからないが、近くに病院があるから連れて行ってやる、ということらしい。

幸い転倒したバイクに支障はなく、運転できない傷でもないので彼女たちの後についいて

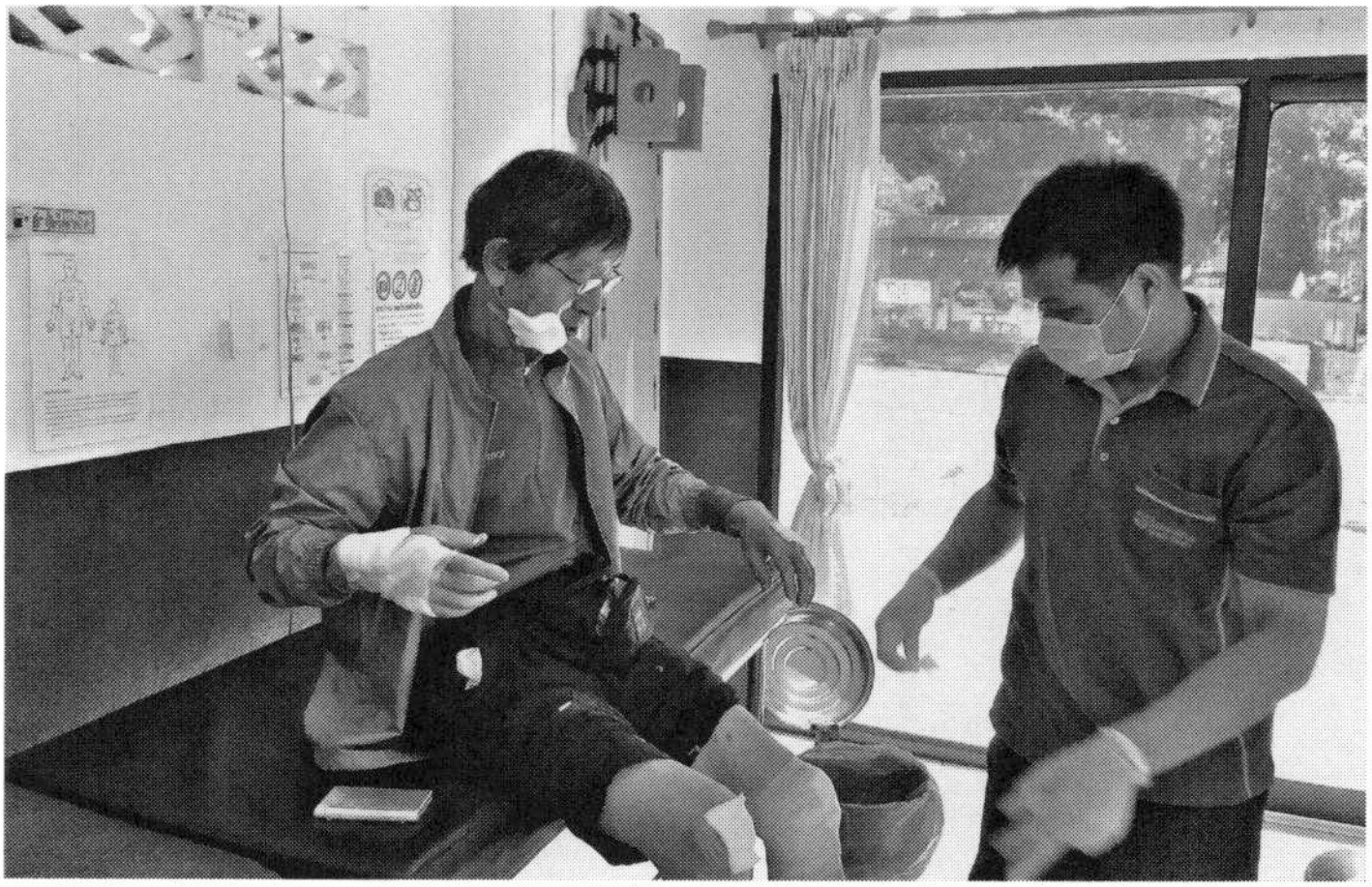

診療所の治療。傷口の消毒、破傷風ワクチン、抗生物質と解熱剤の処方で無料。

行くことにした。

その診療所は湖に架かる橋を横断したすぐ先、バイクで2、3分の距離にあった。こんな近くにあるとは思いもよらず幸運だった。

彼女たちにお礼を言って診療所に入ると、お昼の時間帯のせいか患者の姿はなく閑散としていた。5分ほど待って処置室に案内されると、早速若いドクターと看護師が傷の点検を始めた。顔の右のほほ、左右の手の甲と内側、そして膝から下の両足に擦り傷が散らばり、左足のすねには3㎝ほどの裂傷があった、当初思っていたよりもひどい状態だった。

治療では裂傷部を5針縫い、擦り傷の部分は付着した細かい砂を水で洗い流して消毒。それぞれにガーゼを当て包帯を巻いてもらった。最後に破傷風が気になったので尋ねるとワクチンを打ってあげると言う。ドクターとは英語が通じて助かった（結局、一つひとつの傷は大したことはなかったが、すべての傷口が完全にふさがるまでに1カ月ほどかかることになる）。

応急処置が終わり、クレジットカード付帯の傷害保険のことを考えながら治療費について尋ねると、「治療代は無料。お金は要らないですよ」との返事。

エッ、いくら何でもそんなことはないでしょう。傷口を縫い、消毒、包帯、それにワクチンの注射と抗生物質と痛み止め・解熱剤の処方までしてもらって……。聞き間違いではないかと再度尋ねるもやはり治療代は要らないという。何でタダなの？　そのわけを尋ねてもよく理解できない。

行きずりの日本人の突然の来訪にもかかわらず丁寧に対応してもらっただけに、「そうですか、ありがとうございました」とこのまま引き下がるわけにもいかない。取りあえず最高紙幣1000バーツ（約3500円）を渡そうとすると、そんなの必要ないとばかりニコニコ笑って受け取ってもらえなかった。

どうにも埒が明かないので、取りあえず丁寧にお礼を述べて目的のギョーザ屋でお昼とした。やはり評判通り美味しいギョーザだった。ニンニクの味がよく効いている。傷口は多少痛むが、いつも通りに食事ができるのが嬉しい。この分だとチェンマイまでバイクで今日中に戻れそうだ。

食事が終わってチェンマイの「鉄人28号」といわれている長老（知人）Y氏に電話で状況を説明すると、やはり日本人としても最低1000バーツくらいは渡した方が良いのではないかと言う。そこで診療所に戻ってドクターを呼び出し、無理矢理1000バーツを受け取ってもらった。

チェンマイに帰ってタイの知人に聞くと、公立病院や診療所では外国人は無料、国民は少額だが有料、とのことだった。タイの魅力はこんなところにもある。日本ではどうだろう。外国人に優しい医療制度になっているのだろうか。多くの日本人は高い医療費と保険料に苦しんでいる。

（2020年1月19日）

## 10　ガイドの〝押し売り〟に根負け　◎エジプト

エジプト・ギザの三大ピラミッドは、首都カイロの郊外、砂漠地帯にある。そのカイロから車でナイル川を渡りしばらく進むと、行く手の小高い丘の上に大小3つの三角形のピラミッドが見えてくる。すると風景も緑に乏しい砂漠に一変。ナイル川を挟んで東西両岸の環境が大きく変わる。

美しいカフラー王のピラミッド。手前がスフィンクス。

チケット売り場で入場券（日本円で約1000円）を買ってスフィンクスに向かって坂道を上り始めると若い男が英語で話しかけてきた。立ち止まって話を聞くとフリーでピラミッドを案内してやるという。しかし無料というのはあやしい。後になって難癖を付けて法外なガイド料を請求されかねないし、一人でのんびり歩きたかったのでその場で断って先を急いだ。

しかしその男は諦めずに私の後をついてきた。「ガイドは要らない！」と何度繰り返してもストーカーのようについてくる。煩わしいが無視して進むしかない。

しかし男は巧妙だった。私が写真を撮ったり、何か眺めていたりすると、それはどうのこうのと勝手に説明し始める。無視して聞かぬ振りをしていてもやめる気配はない。もっとも、その説明には「なるほど」と思うこともあってつい頷いたり、うっかり聞き返してしまうこともあった。おそらくそこが男の狙い目だったのだろう。もうすっかりガイド気分になっているようだった。

目の前に現れたスフィンクスは思ったよりも大きかった。長さ74m、高さ20m。水平に縞模様が続く石灰質の堆積岩からできていることから、もともとあった岩山を削って造られたことがわかる。男の説明によると、人間の頭とライオンの胴体とを合わせ持つスフィンクスは、当初鼻がもっと高くあごひげもあったという。鼻の部分は侵略者によって壊され、あごひげは自然と脱落。スフィンクスは大きく表情を変えてしまったのだ。

スフィンクスから先は参道を通って、エジプトで最も美しいといわれる高さ143mのカフラー王のピラミッドに向かう。ピラミッドは1～2mの石灰岩の四角いブロックを積み上げて造られているが、大量の重い石をいったいどのようにして運び積み上げたのか、諸説あるが未だに謎とされる。かつてのピラミッドは表面を化粧岩で覆われていたというが、現在はほとんど剥がれ落ち、その一部がピラミッドの上部と下部にかろうじて残っている。

カフラー王のピラミッドの次は150mほど離れたクフ王のピラミッド。数あるピラミッドの中で最も大きく、230万個にも及ぶ膨大な量の石を203段まで積み上げ造られているという。4500年前の人たちがこの巨大プロジェクトを20年で成し遂げた、その技術力の高さとマンパワーには圧倒される。

　このピラミッドを最後にチケット売り場に戻るころには、太陽は西に傾きかけていた。そして、その男はとうとう最後まで私の後をついてきた。すると案の定、男はチップを要求してきた。ガイドを断っていたわけだから無視して別れることもできるが、ここまでくれば払わないわけにはいかない。そこで適当にお茶を濁そうとしたものの、あいにく小銭の持ち合わせがなく20ポンド（約400円）紙幣を渡すはめになった。日本の感覚で400円は安いと思われるが、タクシー料金が2ポンド程度と物価の安いエジプトのこと、十分すぎるチップだ。

　ある旅行ガイドブックには「世界的に有名なピラミッドだが、その周りを徘徊するエジプト人の悪質さにおいても、また有名である」「ガイド、物売り、ラクダ引きなど、とにかくしつこいの一語に尽きる」とある。まさにその通りだった。（2008年2月8日）

## 11　自然災害で無念のキャンセル　◎日本

この20年間、たくさんの国々を旅してきたが、日本を出国できない事態となったのは初めてのことだった。

2018年6月18日午前7時58分、朝食を取っている最中にいきなり激しい揺れが襲ってきた。最大震度6弱を記録した「大阪北部地震」（M6・1）の発生だった。私の住む街では震度5強を記録したが、幸い縦揺れだったので家具が転倒したり床に物が散乱するようなことはなかった。近所の様子を見ても普段と変わらない。阪神淡路大震災を経験した京阪神では、建物の耐震強化や家具の固定など地震対策が進んだこともあって、犠牲者6人を出したものの震度が大きかった割に被害は小さく済んだ。

しかし私にとってこの日は3つの世界自然遺産、アメリカのグランドキャニオン国立公園とエバーグレーズ国立公園、そして中米ベリーズのバリア・リーフ保護区を巡る一人旅の出発の日だった。

ところが地震直後からほぼすべての鉄道がストップし、バスも運行停止。京都から関西空港へ向かう公共の交通手段がなくなってしまった。

飛行機の出発は夕方の5時過ぎだったので、午後からの運転再開に期待するか、タクシーまたは車で関空に向かうか、旅行自体を断念するか、の悩ましい選択だった。

タクシー会社に問い合わせるとすべて満車で、関西空港までの高速道路は閉鎖されており一般道の状況もよくわからないので引き受けるのは難しい、とのことだった。旅行を取

第1章

りやめる場合、気になるのはフライトやホテルのキャンセル料だ。期限が迫っているものが多く、早めの決断が必要だった。

その後も余震が何度か発生し、お昼を過ぎても鉄道やバスの運転再開の情報はない。家族に関空まで車で送ってもらう手もあるが、余震や道路事情を考えるとリスクが大きかった。

できれば日程を1、2日ずらしたいところだが、飛行機やホテルの場合はいったんキャンセルして新たに予約し直すケースが多く、人気の観光地ともなるともうすでに満席、満室で直前の変更は難しい。なんとかアメリカに渡ってしまえばどこかで滞在日数を1、2日減らし、途中から当初の日程通りに旅することもできそうだが、予約したアメリカ国内とベリーズの周遊航空券は出発地でノーショー（予約を受けたのに連絡なく客が現れない事態）となればその先すべてのフライトもキャンセルとなってしまうのでこの案も難しい。こうなると旅行自体のキャンセルしかなかった。

そこでまずは大口の航空券。手っ取り早い電話でA航空に問い合わせると、日本〜アメリカ間の往復チケットは一部返金できるがアメリカでの周遊チケットは返金不可だった（半年以内であれば追加料金を支払えば再利用可）。キャンセル料はおよそ15万円だった。

ホテルについては日本とアメリカの時差も幸いして、ほとんどが予約サイトE社のホー

グランドキャニオン国立公園。大勢の観光客で賑わう。

ムページからキャンセル料なしの手続きができた。

バスや現地ツアーの予約もメールでキャンセルできたが、問題はグランドキャニオンの予約サイトから申し込んだロッジだった。どういうわけかホームページ上でのキャンセルがうまくできない。そこで直接ロッジに電話すると、最初は返金できないとの返事だったが、地震による混乱を説明すると特別事情ということで返金してもらえることになった。

地震が原因とはいえ、高いキャンセル料を支払って旅行を中止しガッカリしたが、どうしても行きたかったグランドキャニオンについては9月末に再度チャレンジすることにした。

この変更は結果的には正解だった。もし予定通りの6月だったらグランドキャニオンの峡谷内の日中の気温は40℃を超えるため、計画していたトレッキングは厳しかったに違いない。酷暑が治まる9月末のトレッキングが正解だった。

（2018年6月18日）

## 12　幸運に恵まれた綱渡りの帰国　◎日本／アメリカ

そのグランドキャニオン滞在中にも問題が起きた。

台風24号の接近によって関西空港が閉鎖になる可能性があるので、国際線のフライトを変更するよう勧めるメールが届いたのだ。この3週間ほど前の9月4日には台風21号の影響で関西空港の連絡橋にタンカーが衝突し、空港がしばらく閉鎖に追い込まれる事故があったばかりだ。台風の進路予測をネットでチェックすると、帰国する10月1日には関西を通過し東北地方沖に抜ける予報となっていた。微妙なタイミングだが、予約を変更するのも面倒なのでそのままにしておいた。

良くないことは重なるものだ。グランドキャニオンを去る日の前日には、サンフランシスコ国際空港が滑走路の一部を補修するため、フェニックスからサンフランシスコへ向かう便もキャンセルになる可能性があるとのメールが入った。事情は異なるにせよ国際線も国内線も両方が欠航になるとは運が悪いとしかいいようがない。

しかしまだ欠航が決まったわけではない。こういう場合は、ネットで変更手続きを済ませるよりも空港で最新事情を確認して変更する方が良いかもしれない。欠航の際には、都合が良さそうな振り替え便の紹介やホテルの無料提供が期待できるからだ。

空港で変更手続きする、この選択は正解だった。空港に着いて電光掲示板を確認すると、予約したサンフランシスコ行きのフライトにキャンセルの表示はなかった。予定通りの出発だ。チェックイン・カウンターで事情を尋ねると、1つ前の午後3時59分発のフライトはキャンセルになったが、ちょうど私の便から滑走路が再開し予定通りに飛べる、とのこと。20分遅れで出発となった。

悪いことだけではなく良いことも重なるものだ。2日後のサンフランシスコ～関空便も今のところ欠航の連絡はないとのことだった。ヤレヤレ、事態は一転、良い方向にことが運びそうだ。

当日、サンフランシスコ発関空行きの国際便は予定通りの出発となった。しかし前日の同便は台風の接近・通過で欠航。フェニックスで午後4時前のフライトがキャンセルされて乗れなかったグループは、乗り継ぎの東京、福岡行きの便に間に合わなかったそうだ。今回は幸運がいくつも重なる綱渡りの帰国だった。

（2018年9月26～30日）

## 13 フライトトラブルで思わぬ恩恵に ◎カナダ（トロント）

往路と帰路の両方が空港や飛行機のトラブルで別の航空会社の便に振り替えになるのも初めての経験だった。

それは18億年前の隕石衝突でできたカナダのサドベリー隕石孔（62㎞×30㎞）とナイアガラの滝を訪ねる8日間の短い旅でのこと。

往路はまずU航空で関西空港からサンフランシスコに飛び、カナダのトロント行きに乗り換えるという行程。ところが関西空港でチェックインしようとすると、サンフランシスコ国際空港のコンピュータシステムのトラブルの影響でサンフランシスコ行きの出発が6時間ほど遅れるという。あまり余裕のない旅だったので、なんとか今日中にはトロントに着いておきたい（日本とトロントとの間には14時間の時差がある）。

カウンターでその旨話をしたところ、D航空に無料で振り替えてもらえることになった。この便では、アメリカのシアトルとシカゴで2回乗り換える必要があったが、なんのことはない。当初予定していた時刻より30分ほど早くトロントに着いた。

トロントからの帰路はもう少し複雑だった。まずトロントでU航空の機体のトラブルが原因でC航空の便に振り替えとなった。出発時間はU航空とほぼ同じ。目的地（成田空港）にも変更はなかった。

飛行機に搭乗した後少し待たされたが、やがてエンジン全開、離陸体制に入った。ところが離陸直前に急ブレーキがかかり突如減速。身体が前の方に持っていかれそうになり、滑走路の端の方で止まった。着陸のやり直しはたまにあるが、離陸直前のストップは珍しい。機内アナウンスによるとコックピットで白い煙が上がったとのこと。あわや大惨事にもなりかねない肝を冷やすトラブルだった。

そうしたわけで、再び空港の搭乗口に戻り、サービス・カウンターで5時間遅れの便へ再度振り替え手続きをするはめになった。出発までかなり時間があったので、カナダへの再入国手続きをして空港内のレストランで昼食を取り時間を潰すことにした。

新たな振り替え便は成田への直行便だった。そのため当初予定の50分遅れで成田に到着し、大阪伊丹行きの国内線に何とか間に合った。そしてちょっぴり良いこともあった。なぜか座席がエコノミーからビジネスクラスにアップグレードされていたのだ。

（2012年9月28日／10月4日）

## 14　写真撮影も命懸け　◎ウズベキスタン

ウズベキスタンやカザフスタン、キルギスなど中央アジアの国々には、今もシルクロードや旧ソ連時代の面影が残っている。

ウズベキスタンでは、かつてシルクロードの東西交易の中心地としてオアシス都市が発展し、現在でも様々な史跡に往時の雰囲気を留めている。世界遺産サマルカンドは多くの交易商人たちが集まる要衝として栄えた。その中心にあるレギスタン広場に建てられたモスクや神学校には「サマルカンド・ブルー」と呼ばれる色鮮やかな青色タイルがふんだんに使われ、抜けるような青空に映えてとりわけ美しい。

ウズベキスタンを歩いていて治安にさほど不安は感じないが、皮肉なことにその治安を取り締まる警官がときにツーリストの敵（?）となり、旧ソ連時代の官僚支配を思い起こさせる。外出の際にはパスポートの携行が義務づけられているが、その確認と称して呼び止め、些細なことを理由に難癖をつけられることがある。また所持金の確認の際に現金をたくみに抜き取ったり、物を盗られたりするケースもあるという。そこで街中で警官の姿を見かけるとできるだけ目にとまらないようわざと警官を避けて歩くよう努めた。

青いタイルの壁が青空に映えて美しいサマルカンドのレギスタン広場。

また写真の撮影も空港や駅、地下鉄などでは法律で禁止されている。破ると罰則が科せられることもあるから、かなり厳しい。地下鉄には首をかしげるが、首都タシケントの地下鉄のホームにはシャンデリアや大理石が使われており世界で最も美しい地下鉄駅の1つとされ、つい写真に収めたくなる。しかしここは非常時に核シェルターとして使われるため、国家の安全上の観点から撮影が禁止されているという。

私は時間と場所の記録にもなるため、旅行中にコンパクトカメラでかなりの量の写真を撮る。そんなこともあって帰路、タシケントの空港に着いたとき氷河を抱き白く輝く天山（テンシャン）山脈の写真を撮り、ついうっかり空港の写真も撮ってしまった。するとその様子が空港周辺を警戒していた警官の目にとまり呼び止められるはめになった。

「しまった。これはまずい」

と思っても後の祭りだった。大急ぎで先ほど撮った写真を削除。なんとか取り繕うためにとっさに思いついたのが、なんのことか知らぬ振りをしてやり過ごすこと。その警官はウズベク語（?）で何か言いながら近づいてきたが、そ知らぬ顔で空港ドアの中に飛び込むとそれ以上追及されることはなかった。今回は事なきを得たが、日本の常識が通用しない国情があることを十分に認識しておくべきだった。

（2009年8月13日）

## 15　国境付近での撮影は厳禁　◎ザンビア

同じようなことはザンビアでもあった。

この国とジンバブエの国境に世界三大瀑布の1つビクトリアの滝がある。最大落差108m、幅1708m。大量の水が大地の割れ目に流れ落ちる様は圧巻というほかない。水量が多いときには水煙が高さ500m上空にまで舞い上がるという。

この滝の3分の2はジンバブエ側、残り3分の1はザンビア側にある。まず最初にジン

ビクトリアの滝。ジンバブエの国境事務所とビクトリア大橋が見える。

バブエ側の滝を見て歩き、その後ザンビア側へ歩いて渡ることにした。両国の公園ゲート間の距離はおよそ2㎞だ。ビクトリア大橋の手前でジンバブエからの出国手続きを済ませ、橋を渡るとすぐザンビアの国境事務所がある。観光客や地元住民の行き来が多いとあって、いずれの国も手続きは簡単に済んだ。

ザンビア側の入国審査を終え公園ゲートに向かって歩き始めたときだった。時間を記録するため後ろを振り返って国境事務所の写真を撮ろうとすると外にいた警官から呼び止められた。国境事務所なので撮影禁止ということなのだろう。実際にはまだ撮影していなかったのでスルーして先に進むことにしたところ、それ以上追及されることはなかった。

つい日本の感覚で行動してしまいがちだが、

国によってはやはり空港や国境事務所などセンシティブな場所では気をつけないと思わぬトラブルに巻き込まれるリスクがあることがよくわかった。

（２０１６年10月13日）

## 16　あわや野宿の宿泊トラブル　◎パタゴニア

パタゴニアは南米大陸の南部から最南端までの広大な地域をさす。アンデス山脈を挟んでアルゼンチン側には乾燥したパンパ（大草原地帯）や砂漠が広がり、チリ側には氷河やフィヨルド、温帯雨林が広がる。最南端の町ウシュワイアから南へ１０００㎞も下ればそこはもう南極大陸だ。それだけにここは嵐の大地と呼ばれるほど風が強く、年間を通して強い偏西風が吹きつける。

パタゴニアの名峰フィッツロイのトレッキングを終え、エル・チャルテンからペリトモレノ氷河の観光拠点エル・カラファテの町に移動したときだった。バスでおよそ3時間、遅い出発だったので夜の9時前にエル・カラファテのバスターミナルに着いた。

ここから宿（ロッジ）までは歩いて15分ほど。ロッジの予約確認書の地図を頼りに宿に着くと、意外にもここは予約したロッジではないという。確かにロッジの名前はお互い良く似ているが少し違っており、予約名簿に私の名前はなかった。エーッ、そんな……。

パイネ国立公園。白い部分は花こう岩、黒い部分はホルンフェルス。

いったいどういうことなのか、疲れた身にこういうトラブルは堪える。ロッジの予約サイトE社に騙されたのか、予約確認書のグーグルマップが間違っているのか。

予約確認書をロッジの人に見てもらうと、よく似た名前のロッジが別の場所にあるという。そこに電話で確認を入れてもらうと、予約リストに確かに私の名前があった。もうこれ以上、荷物を持って夜の町を歩くのも大変なのでタクシーを呼んでもらい、スタッフにお礼を伝えロッジに向かう。結局、グーグルマップが間違っていたのだ。

宿についてのこうしたトラブルはプエルト・ナタレスでもあった。ここは人気のパイネ国立公園の起点となる町で、小さな宿が多い。

バスターミナルからは家で印刷した地図を見

ながら歩いて宿に向かった。もう先日のような間違いはないだろう、と思いながら歩いていると小雨が降り出した。するとどうだろう。手にしていた地図が雨で濡れ、インクが滲《にじ》んで文字や線が消え始めた。家のプリンターは水性だったのだ。肝心の宿の位置や道路も薄く見づらくなっている。慌ててポケットにしまい、もうこれ以上濡れないように水を拭き取って傘を取り出す。

幸いなんとか宿にたどり着いたが、地図なしでは歩けないケースもあるだけにときと場合によっては深刻な事態になることも考えられる。トレッキングや旅する際には地図や資料をチャック付きの透明なプラスチックの袋に入れて濡れないようにしているのだが、このときはたまたま裸のまま手にしていた。

（2013年2月23日）

## 17　旅の相棒・サブザックとの縁　◎日本／スイス／空港待合室／中国

今までに何度置き忘れたことだろう。思い出せるだけでも4、5回。機内持ち込みやトレッキング、街中散策など、いろんな場面で重宝してきたサブザックだ。海外には必ず持って行った。使わないときには小さく折りたたんでザックのポケットに収納できる軽くて丈夫なグッズだ。もうかれこれ20年以上使っており、紛失しそうになってもその都度、無事手元に戻ってきただけに愛着がある。

①日本

最初の置き忘れは、日本国内のタクシーの中。2カ月間滞在したタイのチェンマイから帰国し、阪急の駅から自宅まではタクシーに乗った。長期滞在だったので大型キャリーバッグ1個、土産物袋1個、そしてサブザック。いつもの旅とは違って大荷物だった。

家に着いて料金を払うとき、領収書は要らないか尋ねられたが、特に必要はないのでもらわずにタクシーを降りた。少し休んで荷物の整理を始めると、どこを探してもサブザックが見当たらない。駅に着いたとき肩にかけたのを覚えているので、どうやらタクシーの中に置き忘れたらしい。大荷物に加え、深夜便の疲れで頭がボーッとしてザックに注意がいかなかったのだ。

運の悪いことに、そのタクシーは地元のタクシー会社ではなく、個人タクシーだった。領収書があれば電話で問い合わせることもできたのだが、今回はもらっておらずそれもできない。家は集合住宅なのでタクシーの運転手も私を探すことはないだろう。

サブザックの中にこれといった貴重品はないが、身の回り品の他に日本語の教科書を数冊入れてある。これはタイ人にボランティアで日本語を教えるために持っていった本で、メモをたくさん書き込んだ大切なものだ。そう簡単には諦められないが、かといって探す術がない。

ところが数日後、ふと警察の遺留品係のことが思い浮かんだ。ひょっとして運転手の方が届けてくれているかもしれない。早速、地元の警察署に電話しサブザックの特徴を伝えると、それらしきものが届いているという。「ヤッター！」という気持ちで警察に出向くと、まさに私が愛用するザックだった。届出人の連絡先はわからなかったが、運転手の方の親切に感謝の気持ちでいっぱいだった。

（2018年3月5〜8日）

②スイス

2回目の置き忘れはスイスの田舎町フィーシュの鉄道駅だった。フィーシュは世界自然遺産でヨーロッパ最大のアレッチ氷河を巡るトレッキングの起点となる町だ。

スイスは鉄道王国といわれるだけあって、電車の乗り心地や車窓風景が素晴らしい。フィーシュの手前では高度を稼ぐためループを描くように進み、同じ景色を違った高度で2度楽しめたりする。

駅に置き忘れたままの状態で見つかった水色のサブザック。

フィーシュから次の目的地へ向かうときも車窓の景色に見とれていた。フィーシュを発っておよそ20分、水を飲もうとして初めてサブザックがないことに気がついた。駅に入って来た列車の撮影に気を取られてホームに置いたまま列車に乗り込んでしまったのだ。幸い列車は各駅に停まる普通列車だった。最寄りの駅で降りて引き返すことにした。

10分後にはフィーシュ方面に戻る列車がやって来た。置き忘れてさほど時間も経っていないし、小さな田舎駅のこと、そのまま残っているかもしれない。

駅に着くと案の定、サブザックは置き忘れた状態でホームに残っていた（写真）。

国・地域によっては、ちょっと気を抜くだけで荷物を盗られることもあるが、治安の良いスイスならではだった。

ほっとしたのも束の間、すぐに目的地に向かう列車がやって来た。急いで飛び乗ると、先に乗った列車のちょうど1時間後の列車だった。なんとか遅れは取り戻せそうだ。

（2017年9月13日）

③空港待合室

さらに空港の搭乗口の待合室でのこと。どこの空港だったかは忘れてしまった。最後尾で機内に乗り込み、頭上の収納棚にキャリーバッグを収めて座席に座ったとき、ハッといつものサブザックがないことに気がついた。おそらく待合室だ。うつらうつらしていてザックに気が回らなかったのだ。

空港内をバスで移動して搭乗する場合は、戻るわけにもいかず取り戻す術はない。しかし今回の待合室は搭乗橋をわたってすぐのところにある。

大急ぎで機外に出ようとすると、フライトアテンダントの一人に制止され、いったん乗り込んだら外には出られないと言われた。管理上、必要なことなのだろう。規則違反になるかもしれないが、気持ちは焦っていた。

「すみません。バッグを待合室に忘れました。すぐに戻ります」と叫んで機外に出て待合室へと走った。まだ、搭乗する乗客が何人かいるのでドアをロックされ置いてけぼりになることはない。

水色のサブザックはよく目立つ。やはりイスの上にザックが残っていた。1、2分程度の短い時間だったので、乗員に咎められることもなく席に戻ることができた。

（2016年8月）

## ④中国（北京）

最近ではカナダの世界自然遺産を巡る旅の帰路だった。北京経由のフライトだったが、日本への乗り継ぎ便が12時間待ちで接続が悪かったため、C航空が提供してくれた北京のホテルで無料で休憩することができた。カルガリーを出発してバンクーバーで乗り継ぎ。18時間に及ぶ長旅だっただけに空港ロビーでのゴロ寝を回避できたのはありがたかった。しかもホテルまでの送迎もC航空が世話をしてくれた。

ホテルで6時間ほど仮眠を取り、夕方の便に乗るため再び北京空港に戻った。送迎車を降りて空港のロビーを歩いていると、いつもと違う違和感を感じた。身が軽く何か物足りない。荷物を点検してようやくいつも背負っているサブザックがないことに気づいた。慌てて送迎車を見に行ったが後の祭り。影も形もなかった。

よく考えてみると、ホテルで荷物をまとめていたとき、サブザックをベッドの上に置くと、うっかり置き忘れるかもしれないと漠然と考えていた。ベッドカバーの色とサブザックの色がよく似ていたからだ。車よりホテルに置き忘れた可能性が高い。

さてどうしたものか。出発の時間までさほど余裕はない。この際諦めるべきか迷っていると、ふとインフォメーションのカウンターが目にとまり、ここでホテルに問い合わせてもらおうと思い立った。自分で電話しても相手に英語は通じないし私は中国語を話せない。スタッフの一人に事情を説明し、ホテルに問い合わせてもらったところ、案の定、ベッドの上でサブザックが見つかり、空港まで届けてもらうことになった。

問題は時間だった。ホテルから空港までおよそ15分、間に合うだろうか。やきもきしながら待つこと30分、ぎりぎりのタイミングで届けてもらったときは本当に嬉しかった。ホテルのスタッフにお礼のチップを手渡し出発ゲートへ急いだ。

それにしてもこのサブザックは運が強いとつくづく思う。幾多の危機を乗り越えて、未だ私の手元にある。

（2019年7月16日）

## 18　恐怖のトレッキングルート　◎スイス

ユングフラウやアイガーに源を発するアレッチ氷河は全長22㎞、ヨーロッパ最大の氷河で世界自然遺産にも登録されている。ロープウェイを利用すれば誰もがいろんな場所から見下ろすことができる。

ローヌ谷の小さな田舎町フィーシュに宿を取り、氷河を見下ろすトレッキングを試みたときのことだ。エッギスホルン展望台から南へ延びる全長2・6㎞のユネスコ認定のトレイルがある。ここは行く手の左右にアレッチ氷河とローヌ谷の2つの谷が見下ろせる絶景ルートとして知られる。

展望台を出発したときは霧が出ていたものの視界は悪くなかった。しばらくすると整備されたトレイルがなくなり、大きな角張った岩がゴロゴロ転がるガレ場にさしかかった。標識には、「ルートを見失わないようトレイルを外れて歩くな」との注意書きがあった。青と白で岩にペイントされたマークを追っていけば大丈夫なはずだ。そのときは、そのうち歩きやすい道に出るだろう、という根拠のない期待があった。大きなレキを手足を使って登っていくのはある意味楽しい。浮き石も少なく岩場は安定している。

アレッチ氷河を見下ろすユネスコ認定ルート。大きな岩塊のガレ場が続く。

最初は順調に進んでいったが、やがて切り立ったがれきの尾根に出た。右側には大きくカーブを描くアレッチ氷河、左側には濃い緑で覆われたローヌ谷が見える。ローヌ谷は1万年前まで続いた氷期には今のアレッチ氷河のように厚い氷で覆われていたはずだ。もしこのまま地球の温暖化が進めば、やがてアレッチ氷河は消失し、今のローヌ谷のように緑の谷に変わっていくだろう。

そんな妄想も束の間、この先も滑落の危険があるトレイルを進んでいくことに不安がわいてきた。ここはまるでテレビで見た穂高の難所ジャンダルムのようだ。こんなところで滑落して氷河まで落ちてしまったら誰も事故には気づかず家族は探しようがないだろう。このまま進むか、引き返すか迷いが生じる。時間的にはトレイルの3分の1くらいを進んだだろうか。引き返すのも簡単ではない。トレッカーは先行するスイス人グループの3人だけで、他に誰もいないのも不安だった。

進むか戻るか、かなり迷ったが、もう少し進んで様子を見ることにした。気の抜けない岩場が続くが、ルートはしっかり安定している。アレッチ氷河側に回り込んだり、ローヌ谷側に出たりしているうちに、小雪がちらつき始めた。岩が濡れると滑りやすくなるので先を急ぐ。

ベットマーホルン（2858m）のピークを過ぎて下っていくと、携帯電話の基地局らしき建物と十字架のある小さな広場に出た。霧が濃くて下界は見えないが、ここで小休止。すると反対方向から若い女性が一人で登ってきた。このトレイルで出会った4人目のトレッカー。こういうときには見知らぬ人でも出会うと、どこかほっとする。

さらに下っていくと最後の難所が待ち受けていた。トレイルは切り立った岩壁にへばり付くように設置された幅50㎝くらいの木の板に変わった。左側の岩壁に架けられたワイヤーに手をかけることはできるが、右側はスパッと谷底まで切れ落ちている。しかも先ほど降った小雪のせいで少し濡れている。霧でよく見えないところもあるがこの木道橋はこの先、40～50mはありそうだ。意を決して歩き始めても足がすくむ。ゆっくり1歩1歩慎重に進み、やっとの思いで渡り終えると霧のかなた下に薄らとベットマーホルンのロープウェイの駅が見えてきた。ヤレヤレ、無事に歩き通せたようだ。ほっと胸をなで下ろす。

ユネスコ認定のこのトレイルは、どうやら中・上級者向けのルートのようだった。しかもトレッキングというよりもガレ場の岩登りに近い。どんなトレイルなのか、よく下調べもせずに3000m級のアルプスの険しい山に一人で来たこと自体が無謀だったのだ。振り返ってみればエッギスホルン展望台はかなりの人で賑わっていたのに、ユネスコ認定のトレイルには人の姿がほとんどなかったことを考えれば、ここが簡単なルートではないことが推し量れたはずだったのだが、そこまで考えが及ばなかった。町の観光案内所か展望台でトレイルについて詳しい情報を聞いておくべきだった。（2017年9月12日）

## 19 高山病対策は万全に　◎ペルー（マチュピチュ）／中国（九寨溝・黄龍）

山奥にある観光地の場合、大勢の人が出かけていくからといって安心はできない。一応、高山病のリスクをチェックしておいた方が良い。

たとえば人気の高い南米のマチュピチュやウユニ塩湖は、それぞれ標高2400m、3660mにある。高山病は年齢や人によって、また同じ人でも体調によって発症する可能性が異なり、標高2000mを超えると酸素は約2割減少するため高山病の確率が高まる

3400m の高地にある古都クスコ。左奥が空港。

とされる。

①マチュピチュ◎ペルー

楽しみにしていたマチュピチュで高山病のため遺跡の見学を諦めたという話を聞く。人によっては２４００ｍの高度でも発症する人がいるし、経由地となる標高３４００ｍのクスコが大きく影響する。

たいていの場合はペルーの首都リマから空路でクスコに入る。これが要注意なのだ。リマは太平洋に面した街なのでクスコに到着すると、1時間ほどで標高34ｍから一気に３４００ｍの高所に下り立つことになる。富士山でいえば8合目に相当。空気は平地の3分の2程度と薄くなり、肌寒く感じる上にちょっと歩くだけで息

空中都市マチュピチュ。15～16世紀に造られたが、その目的には謎が多い。

切れがする。高度に慣れるように大きく息をしながらゆっくり歩く。中には気分が優れずベンチにもたれかかる人もいる。

こういう場合はできるだけ低いところに移動するのが一番だ。私は高度順応がしやすいように初日のクスコを避け、標高2800mのウルバンバに宿を取って空港からタクシーとバスで直行するようにした。クスコから約80㎞、1時間半の距離だ。さすがに少し暖かくなり、空気もクスコより濃い感じがする。しかしここが安心というわけではない。まだ富士山の7合目にいるようなものだが、高度順応には酸素が平地の7割程度のこれくらいの場所が良いのかもしれない。

宿に着くとコカ茶が用意されていた。コカ茶はコカの葉10枚くらいに熱湯をかけて煎じて飲むペルーのお茶だ。お茶に含まれる麻薬成分コカインが高山病に効果があるとされる。少し苦みがあるので砂糖を入れて飲む。

軽い高山病だろうか、夜はやはり眠りが浅くぐっすり眠るというわけにはいかなかった。ここより600m高いクスコにいたら症状はもう少しきつかっただろう。

翌日は昼前にクスコに戻り半日観光とした。少しずつ身体が慣れてきたのか坂道を上るとき以外は高度を意識することはなくなった。100年の歳月をかけて造られたというカテドラル（大聖堂）や、カミソリの刃1枚すら通さないといわれるインカ帝国時代の精巧な石壁などを見て回った。

次の日はいよいよマチュピチュだ。クスコから110km、鉄道を利用するのが一般的でのんびりとした旅が楽しめる。

列車は谷底のウルバンバ川に向かってスイッチバックを繰り返しながらゆっくり下っていくので高山病の心配はない。高度が下がるにつれ乾燥した大地から緑豊かな熱帯雨林へと変わってゆく様が興味深い。

終点のマチュピチュ駅は標高2000m、南緯13度。周囲の山々は鬱そうと生い茂る熱帯の木々に覆われていた。乾燥しきったクスコからやって来た身には異次元の世界に下り立ったような感覚にとらわれる。

水の存在を感じさせないほど透き通った湖底が美しい。九寨溝五花海。

遺跡まではここからバスに乗り換え、標高差４００ｍをジグザグに上っていくことになる。バスを降りて尾根の上に立つと目の前に突然石造りの古代都市が出現する。その両側は切れ落ちた断崖絶壁、まさに空中都市だ。高度順応した身体に高山病の心配はないが、日陰が少ないため、照りつける熱帯の日射しと暑さが厳しい。

（２０１０年８月９日）

## ②九寨溝・黄龍◎中国

中国屈指の名勝で世界自然遺産・九寨溝《きゅうさいこう》、黄龍《こうりゅう》も同様だ。九寨溝は最も高いところで約３１００ｍ、黄龍は３６００ｍもある。最近できた九寨溝黄龍空港は３４５０ｍだ。

九寨溝では標高約３１００ｍの長海、２９００

0mの原始森林から約2100mの盆景灘までよく整備された遊歩道を歩くことになる。標高差は1000mにも及ぶ。一方の黄龍も同様に標高約3600mの五彩池から3100mの出口まで遊歩道に沿って標高差500mを下ることになる。そのため、標高をチェックし体調に応じて見るところを調整する必要がある。（2014年9月15〜18日）

## 20　乗り物は日本の常識が通用しない　◎インドネシア／インド／オーストラリア／ボリビア／ニュージーランド

①平均時速20㎞の国道　◎インドネシア

インド洋大津波の被害で広く知られるようになったインドネシアのスマトラ島。この島の北西部には世界最大のスーパーボルケーノ・トバ火山（カルデラ湖）があり、その噴火が当時の人類に大惨事をもたらした。

7万4千年前の超巨大噴火（破局噴火）では吐き出された大量の火山灰と火山ガスが地球を広く覆い、地球の平均気温を5℃も低下させたという。この「火山の冬」による環境の激変で推定人口数百万人だった私たちの先祖は突如として1万人にまで激減、人類絶滅

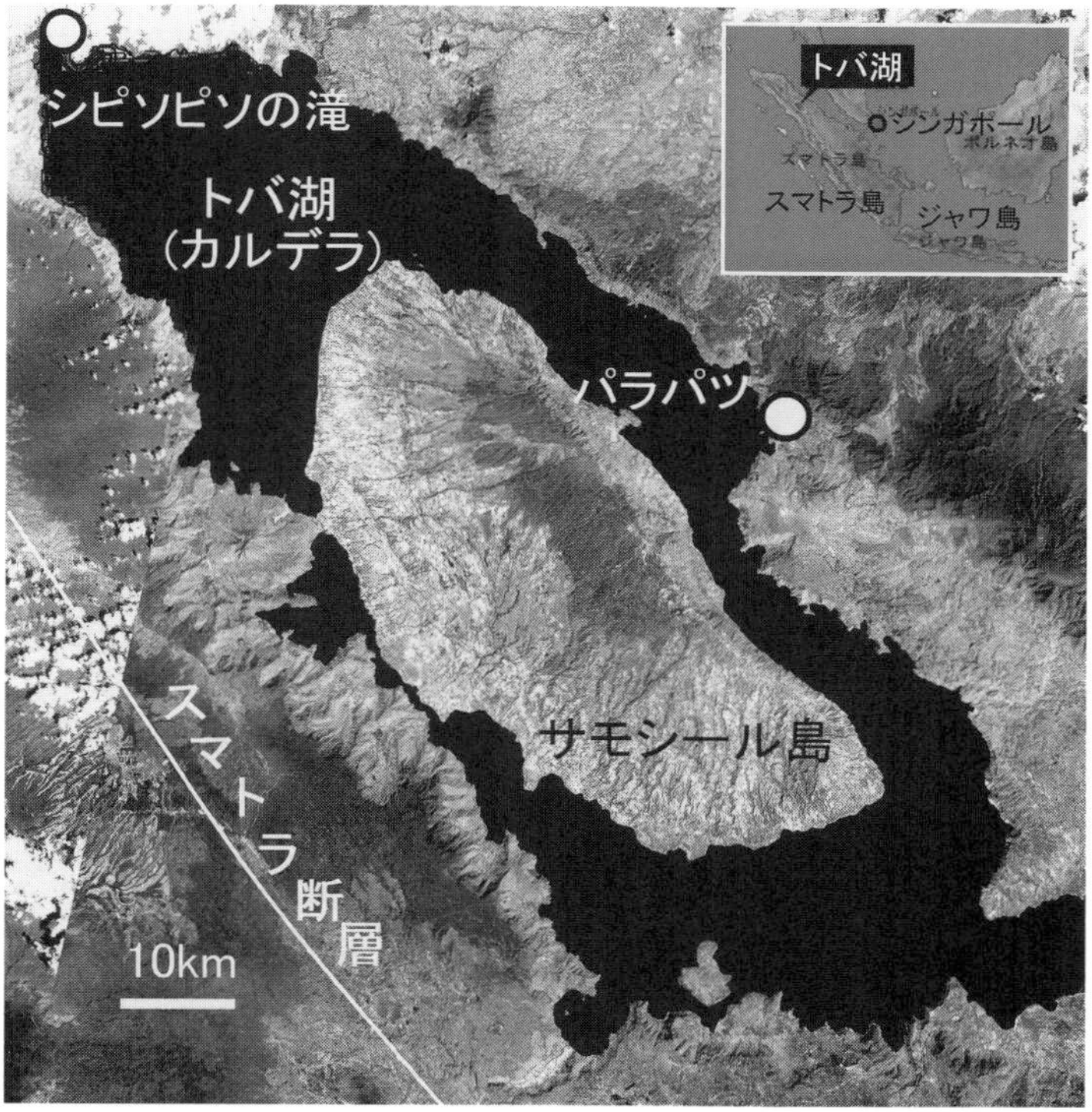


スマトラ断層とトバ湖（カルデラ）。長さ100㎞、幅30㎞もある。

の危機に瀕したとされる。

「トバ・カタストロフ理論」「トバ事変」とも呼ばれるトバ湖で起きた大事変は、そう遠くない未来にアメリカ西部のイエローストーンやロングバレーカルデラなどで再現される可能性があり、そのときに備えて調査・研究が進められている。

　そのトバ湖をひと目見たくてスマトラ島最大の都市メダンから湖に向かおうとしたときだった。湖までおよそ110㎞、車で2、3時間程度と予想してあらかじめ計画を立てていた。初日はトバ湖とその西を走るスマトラ断層を見て回り、湖岸のパラパッの宿に向かうという行程でドライバーにその旨伝えた。

ところが「断層までは時間的に無理。替わりに湖の手前のシバヤッ火山に立ち寄ろう」と言う。湖から断層まではおよそ40㎞。トバ湖はまだ外国人観光客は少ないものの、年間26万人もの観光客が訪れるスマトラ島で人気の観光地でもある。なぜ無理なのかよくわからないまま彼の提案に従わざるを得なかった。

しかしその理由はメダンの街を抜け山道に入ってほどなくわかった。道路は舗装されてはいるがあちらこちらに穴がたくさん開いており、それを避けるためスピードを落とさざるを得ず、すんなりとは走れないのだ。朝9時にメダンを出発して途中シバヤッ火山に立ち寄って湖に着いたのは午後3時半を回っており、とても2、3時間で湖に着ける道路状況ではなかった。夏の気温が高く、雨の多い熱帯では道路は傷みやすく補修も大変なのだろう。日本の感覚で計画を立てていたのが間違いだった。

（2012年7月2日）

ガンジス川の河畔で祈りを捧げる信者。

乗客はこの張り紙から自分の座席を探す。

## ②電車の指定席は車両の貼り紙を見て探す!?

### ◎インド

もう15年以上も前のことになるが、インドを旅したときのこと。首都デリーに入国した後アグラ（タージマハル）、ヴァラナシ、ムンバイなどを巡る計画を立て、インターネットで日本から航空券や鉄道、ホテルなどを予約。できるだけ効率的に回れるようにした。

インドは鉄道網が発達しており安くてバスより安全、利用価値が高い。そこでデリー〜アグラ間の往復とデリー〜ヴァラナシの片道に鉄道を利用することにした。しかしいくつか面倒なことがあった。

一つは乗車券の受け取りだった。寝台車の予約と支払いはネットで簡単にできたのだが、その場でチケットが発券されるわけではなかった。受け取りはホテルなどへの配達（無料）かニューデリーのコレクションセンターへ取りに行くか、の選択だった。そこで今回はコレクションセンターを選択。

インドは人口約14億。「人の森」といわれるほど人が多く、都市部に集中する。慣れるまでは街中の通りや駅など、あまりの人の多さと喧噪に気が遠くなってしまいそうだった。当然、ニューデリー駅のチケット売り場やコレクションセンターも人で溢れ、長い行列ができていた。おまけにニセのチケット屋を斡旋しようとたくみに声をかけてくる輩もいるので気が抜けない。騙しなのか、本当の親切なのか区別が難しい。30分ほど並んでようやくチケットが手に入った。

そして当日の座席探し。ニューデリーからヒンズー教の聖地ヴァラナシまでおよそ12時間かかる。朝9時前に着く20時40分発の寝台夜行列車が都合良さそうだった。

駅のホームに着くとずらっと20両ほどの客車が連なっており、どこに自分の座席があるのか見当がつかない。チケットには号車番号も座席の位置も明記されておらず、ホームにもそれらしき情報は見あたらない。他の乗客の様子を見ていてわかったのは、どうやら客車のデッキに貼られた紙を見て自分の座席を探せということらしい。

「各車両の張り紙を1枚1枚確認しろだなんて、いったい全体どういうシステムなんだ」と不満を覚えつつ寝台車両を1つずつチェック。ホームが暗くて小さい字が読みづらいが、3、4両目をチェックしたところでなんとか自分の名前と寝台番号「HA1－19」が見つかった。

飲み物と夜食を買って列車に乗り込むと、ほどなく何のアナウンスも合図もなく定刻通りに動き出した。ほっとひと息つくも、もし発車直前にホームに着いていたら適当な車両に飛び乗るしかなかっただろう。20両もある客車の座席探しは大変だったに違いない。

（2005年12月26日）

③バス停も時刻表もない！　◎オーストラリア／ボリビア

日本では都会のバスターミナルであれ田舎のバス停であれ必ずバス停標識と時刻表があり、そこで待っていればバスが来る。しかしそんな常識が通用しない、標識も時刻表もないバス停がある。

オーストラリア西部のトムプライスは鉄鉱石の露天掘りで有名な町だ。掘り出された鉄鉱石は日本にも輸出され、日本の社会を支えている。町の人口はおよそ3000人。30歳台が多く、住民の大半が鉱山関係の労働者だ。中には1000㎞離れた大都市パースから

縞状鉄鉱層の露天掘り鉱山。トムプライス。

飛行機で1時間半あまりかけて1週間ごとに通勤する労働者もいるという。仕事はきついが給料は高いらしい。

巨大な露天掘り鉱山とカリジニ国立公園を見て歩き、次の目的地に移動するためトムプライスの町から空港に向かおうとしたときだった。

あらかじめネットでバスを予約し、指定された場所で1時間近く待つもバスはなかなか来ない。そこは鄙《ひな》びた電気屋の前でバス停の標識や時刻表などそれらしき情報は何もない。待合場所を間違えているのではないかと不安になる。

いったん宿泊したモーテルに戻って相談すると、場所は間違いないからバス停(?)に戻って待つ以外にないという。再びバス停に着くと住民らしき人が2人待っており、やはり待合場所として間違いはなさそうだった。時間の方は

コパカバーナのバス乗り場（？）。予約したバスを自分で探す。

いったいどうなっているのか、イライラしながら待っていると2時間遅れでやっとバスがやって来た。

南米のボリビアでもまたバスの乗り継ぎに悩まされた。

陸路でペルーからボリビアに入り入国手続きを終えると、バスはチチカカ湖畔の町コパカバーナで乗り換えとなる。時間はちょうどお昼どき。ここで荷物をバスに置いたまま降りて1時間休憩し、別のバスに乗り換えるという手順だった。

しかしバスの運転手の説明はスペイン語のみでほとんどわからない。たまたま隣に座っていたイギリスの女子学生に頼んで英語に翻訳してもらい要点はなんとか理解できたのだが、細かいところは彼女もわからないらしい。荷物はどうなるのか、どのバスに乗り換えたら良いのか、どのあたりで待てば良いのか、肝心なことがわからず不安なまま他の乗客に従ってバスを降りる。

チチカカ湖の湖畔で持参のパンと果物の簡単な昼食を取る。海抜3810m、富士山より高いが、高地の長旅で高度順応はできている。目の前のチチカカ湖は美しく輝いているが、荷物や乗り換えのことが気がかりで落ち着かない。ま、なんとかなると思うが、一人旅では気を紛らわす相談相手がいないため1つのことが気になり始めるとそのことに拘りがちになる。

指定された時間にバスを降りた場所に戻ると、道路にバスが何台も停まり大勢の人でごった返していた。さてどうしたものか、まずは今まで乗ってきたバスが来ていないか探すことだ。

すると道路端に停まる見慣れたバスが見つかった。一緒に乗ってきた乗客が荷物を受け取っている。運転手に声をかけトランクから自分のバッグを取り出すと、身振り手振りで前方に停車中のバスに乗り換えるように指示される。「ラパス」と表示されたバスの運転手にチケットを見せるとOKの返事。荷物をトランクに入れ無事乗り換え終了。

バスに残した荷物は昼食休憩のじゃまにならないようにとの配慮だったようだ。

（2011年7月31日／2010年8月10日）

ニュージーランドの牧草地帯を走るキーウィ列車。

## ④定刻の10分前に発車する列車

◎ニュージーランド

数少ないニュージーランドの鉄道の1つに、オークランドと首都ウエリントン間を11時間ほどかけて走るノーザン・エクスプローラー号がある。のどかな牧草地帯やトンガリロ国立公園の火山地帯、風光明媚な海沿いを走る列車で観光客に人気がある。しかしオークランドからは、月・木・土の週に3便しかないので、あらかじめ日本からネットで予約を入れておいた。

朝7時20分、出発の30分前に駅に着きチェックイン・カウンターで座席番号を記したチケットを受け取る。まだ時間に余裕があるので、飲み物や食べ物を買い機関車の写真を撮って列車に乗り込むことにした。するとほどなく列車は動き出した。でもちょっとおかしい。定刻より10分も早い。日本ではありえないことだが、すべての乗客が乗り込んだと確認できれば、たとえ定刻前であっても発車するのだ。また予約客のいない停車駅は飛ばしてしまうこともある。うっかりすると置いてきぼりになりかねない。

（2014年2月10日）

# 第2章

# 人々との意外な出会い

## 1　一人旅の韓国の少女が機内でしていたこと　◎ドイツ〜韓国

ドイツのフランクフルトから大韓航空機でソウルに向かう機中でのことだった。

私の隣の席に10歳くらいの少女が一人座った。フライトアテンダントとのやり取りを聞いていると、どうやら韓国の子どもらしい。

どこか別の席に親か家族がいるのだろう、座席の都合か何かで窓側席を取ったのかもしれない、と最初はあまり気に留めることもなかった。

長くて時間をもてあます機中。時々、アテンダントがやって来ては声をかけ様子を見守っている。そのうち退屈したのだろう、ノートや文房具などを取りだして何やら書き始めた。ふと見ると、なんと日本語のドリルだった。まだ幼い韓国の少女がはや日本語の勉強とは珍しい。そこで「あなたは日本語を話せますか？」と聞いてみた。

すると、「……?」。隣に座った見ず知らずのおじさんから突然声をかけられ戸惑ったのかもしれない。恥ずかしそうに微笑んでいるだけだった。

「これ、日本語ですね。学校で勉強しているの?」

必死に答えようとしているのだが、まだ思うように話せないらしい。

「偉いね。がんばってね……」

にっこり笑って、またドリルを始めた。小学校1～2年生くらいのレベルだろうか、公文式の日本語ドリルらしい。

ちょうどそこにアテンダントがやって来て、ドリルを見ながら短いやり取りを始めたので、聞いてみた。

「この子、一人旅ですか?」

「そうですよ。フランクフルト空港で親戚がこの子を送り出し、ソウルで家族が迎えに来るんです。機内では私たちが面倒見ています」

なるほど、そういうことだったのか。おそらく係員がアシストしてくれたと思われるが、大人でも空港の出入国手続きは大変なのに、小さな少女の一人旅とは……。それだけでも驚きだった。しかも、日本語の勉強をしている。

この機会にアテンダントの人にいろいろ質問を通訳してもらうことにした。

そのやり取りをまとめると、おおよそこんな風だ。

「今何歳ですか?」

「10歳、小学4年生です」

「え～っ、そうですか。飛行機の海外一人旅って偉いね。どこに行ってたんですか?」

「ドイツの親戚の家に遊びに行ってたの。今夏休みだから……」

「さっきから勉強してるこのドリル、日本語だよね。日本語は学校で勉強しているのかな？」

「いいえ、学校では勉強してないです」

「じゃ、自分で（自主的に）勉強してるってこと？」

「そうです」

「へ～っ、そうなの？　じゃ、どうして日本語の勉強をしてるのかな？」

返ってきた答えが私にはビックリ仰天だった。

「わたし日本のマンガが大好きなの。ドラえもんやキティちゃん、ドラゴンボールZなど、韓国語の（言葉に翻訳された）ものもあるけど、わたし、日本語でいろんなマンガを読みたいの」

韓国は日本と同じように受験競争が激しい国だ。日本以上に出身大学が就職の決め手になるらしい。だから最初は入学試験に有利か何かで、親が特別に勧めているものと思っていた。ところがマンガを原語（日本語）で読みたいがために自主的に勉強しているというのだ。しかもまだ10歳の少女がだ。

今どき、自分にやりたいことがあって、そのために誰に強制されるともなく自主的に教科以外の勉強をする。そんなモチベーションで学習に取り組む生徒は滅多にいない。

このことは私にはとても新鮮な驚き、そして感動的な話だった。

「偉いね。おじさん、とても感心しました。がんばってね！」

アテンダントの話によると、韓国では高校あたりで日本語を選択学習する機会はあっても小学校ではまず学習しないという。スゴイ少女に出会ったものだ。

日本語の読み書きは少しならできそうなので、日本語で応援メッセージを紙に書いてその少女に手渡すと、とても喜んでくれた。すると今度は替わりに私の手帳に自分の名前をハングルで書き、上手なカタカナで読み方を添えて渡してくれた。

「チョン・ジユン」。今でもこの手帳は大切にとってある。


（2004年8月5日）

## 2　韓流ドラマ顔負けの出会いにビックリ！　◎韓国（チェジュ島）

韓国では年配の人に話しかけると、けっこう日本語が通じる。かつて日本の植民地時代に強制された同化政策の名残だ。最近は高校、大学で第2外国語として日本語を選択する若者もいるようだが、まだそれほど多くはない。

世界自然遺産チェジュ島（済州島）行きの計画を立てていたときのことだ。

淡路島の約3倍も面積がある島を巡るには車が欠かせない。そこでインターネットで検索すると、1日1万円でタクシーがチャーターできるとある。しかもそのドライバーは日本語が話せる。

早速日本語でメールを送ると、すぐに返事が返ってきた。キム・ソンボと名乗る年配のドライバーだった。しかし、あいにく私が計画した日は予約が入っており空いてないと言う。そこで日本語が話せる他のドライバーの都合を聞いてみるということになった。

しかしとうとう予約はできず、数日後に日本を出発することになった。少し不安はあったが空港のインフォメーションで日本語タクシーが難なく見つかった。半日（4時間）で6万ウォン（5000円）ほどだった。

チェジュ市内では車体に「日本語」と書かれたタクシーを何台か見かけた。日本人観光客がたくさんやってくるのだろう。チェジュ島は日本に最も近い外国であり、かつて人気を呼んだ韓流ドラマ「冬のソナタ」や「宮廷女官チャングムの誓い」をはじめ多くのドラマのロケ地でもあることも影響しているのかもしれない。

3日目の朝のことだった。火山の島チェジュ島には珍しく貝化石を含む地層が西帰浦にあるというので見に行くことにした。場所は港の近くの海岸だ。すぐ見つかるだろうと思いながら港を歩いてみた。

ハルラ山（1950 m）への登山口とチャーターした日本語タクシー（中央）。

ところが意外にもそれらしき場所がなかなか見当たらない。ちょっと見通しが甘かったようだ。事前にもう少し詳しく調べておくべきだった。

ここは諦めて次の場所に移動するためタクシーに乗ろうとしたときだった。ちょうどそこに別のタクシーがやって来たので、ドライバーのKさんが車窓から身を乗り出して聞いてくれたのだ。

するとどうだろう、その場所を知っていると言う。それは港の奥、観光船乗り場の横にあるらしい。渡りに船を得るとはこのことだ。

タクシーを降りて、そのドライバーの人にお礼を兼ねてもう一度場所を確認する。日本語の堪能なおじさんだった。

「ありがとうございます。もう諦めていたのでとても嬉しいです。場所はあそこに見える観光船乗り場の右側ですよね」

「そうですよ。説明の看板が立っているからすぐわかるよ」

「そうですか。ところで日本語、お上手ですね。このあたりは日本人観光客、多いんですか?」

「多いよ。ネットで予約してくる人もいるしね」

「そうですか。実は私も4、5日前にネットで予約しようとしたんですけど、あいにく先に予約があってダメでした」

「エッ、そうなの? あなた、お名前は何といいますか?」

「コギキミオ、っていいますけど……」

「あっ、やはりそうでしたか。私は、キム・ソンボといいます。そのネットでメールしたのは私ですよ! お断りしてすみませんでした」

驚きの瞬間だった。まさかこんなところでほんの数日前にメールのやり取りをした人と出会うなんて……。しかも、予約はできなかったとはいえ、ちょっとした窮地(?)を救ってくれたのだ。人の出会いとは不思議なものだとつくづく思う。そしてちょっぴり愉快で楽しい出会いだった。


(2010年3月27日)

## 3　行動力抜群の日本人シニアバックパッカー　◎パタゴニア

眼下に氷河に鋭く削られた茶褐色のパタゴニア・アンデスの山々が見えてきた。やがて碧く輝くマゼラン海峡を渡り、少しずつ高度を下げて行く。アルゼンチンのエル・カラファテから地球最南端の町、ウシュアイアへ向かう機中でのことだ。

窓側に座った私は美しい山々の写真を何枚も撮り続けていた。隣に座った年配の男性も窓の外の景色をじっと眺めている。マゼラン海峡に興味があるようだ。そこで英語で「写真、撮りますか？」と聞いてみると、「はい、お願いします」と日本語の返事。やはり日本人だった。

最近は中国や韓国でも海外に出かける人たちが増えている。立派なカメラをぶら下げて大きな声で記念写真を撮っている人はたいてい中国の人たちだ。うっかり「日本の方ですか？」と声をかけたりすると、変な顔でにらまれたりする。そんなこともあり、この人は日本人かなと思ってはいたが切り出せないでいた。

窓を譲って何枚か写真を撮らせてあげた後いろいろ話を聞いてみると、3カ月の予定で南米を回っているのだという。宿は事前には予約せず、ユースホステルのような安い宿を泊まり歩いているという。完全なバックパッカーだ。

「確かに安く泊まれると思いますが、若い人たちが多いじゃないですか。この歳になって私はちょっと馴染めないです。あまり泊まる気になれないですが……」

「いや、いろんな旅の情報がわかって良いですよ。安上がりの旅行をしている人が多いですから……」

歳は62歳だという。えらく元気な人と隣り合わせたものだ。私にはとても真似ができない。

「これからの予定はどうなんですか?」と聞いてみると、なんと「ウシュアイアにしばらく滞在して、南極に行くつもりです。町にいくつか南極ツアーを斡旋している旅行代理店があるので、明日からちょっと探してみます」との返事だった。

確かにウシュアイアは世界で最も南極に近い町だ。南極半島まで1000kmほどしかない。ちょうど東京から鹿児島あたりまでの距離だ。しかし行き先が極地ともなると、ことはそう簡単にはいかない。

「実は持病があって薬が必要なんですけど、本当は常温で3カ月分の薬は出せないらしいです。でも、旅程を短くしていちいち帰国していたのではゆっくり回れないでしょ。医者に頼み倒して無理に薬をもらっているんです。だから僕の旅の上限は3カ月なんですよ」

南米大陸最南端の街ウシュアイア。背後はアンデス山脈最南端の山々。

どうやら糖尿病らしい。それにしてもスゴイ人だ。

もっといろいろ話を聞きたかったが、ビーグル海峡が見えてきた。着陸に備えてシートベルトを締め直す。

ウシュアイアは快晴だった。空港を取り巻く山々が美しい。あちらこちらに見えるU字谷やカール、そして白い氷河は最果ての町を演出している。南緯55度と緯度が高いせいか、斜めから射し込む日射しと大気に透明感があり、景色をより美しく見せている。南米大陸の南端までやって来たという実感がわく。

到着ロビーでは若い日本人の男女と一緒になった。するとそのバックパッカー氏、早速2人に声をかけた。

「日本の方たちですよね。宿が町中だった

ら、どうです、タクシーで一緒に行きませんか？」

この積極性、旅慣れた行動力に感心する。

結局、私も相乗りすることになり、４人でタクシーに乗り込んで近い者から順番に降りていった。私は3番目で、最後は若い日本人男性だった。

ハンバーガー1個が１０００円もするウシュアイア。パタゴニアは気温が低く、年間を通して強い風がふくため農産物が育ちにくい。主な産業といえば鉱業と観光が中心だ。そのためほとんどの物資をブエノスアイレスからの空輸や船に頼らざるを得ず、物価が高いのだ。この相乗りタクシーは大助かりだった。

翌日偶然にも港の近くのバス乗り場で再びバックパッカー氏に出会う。早速、南極行きツアーを探しているのだという。昨日私が機上で撮った写真を送るため、連絡用のメールアドレスを教えてもらって別れる。心に残る最果ての町での出会いだった。

（２０１3年2月24〜25日）

## 4　地質調査に出向いた地で、調査研究の第一人者と邂逅　◎オマーン（ソハール）

中東の国オマーンは日本ではあまり馴染みがない。アラビア半島の東の端にあって、国土の北部を北回帰線が通り、面積は日本の4分の3ほどだ。大半が砂漠、半砂漠からなる。中部・西部に大規模な油田があるため、オイルマネーが国の経済を潤している。政情、治安とも安定し、個人でも問題なく旅行できる。

海に面したオマーンの首都マスカット。白壁の家並みが青空と赤茶けた岩山に映え、とても美しい。街中をアラブの民族衣装に身を包んだ人たちが行き交う（大半が男性）。のどかで落ち着いた印象を受けるのは、豊かなオイルマネーが国民の生活や福祉にも回され、貧富の格差が小さく生活が安定しているからかもしれない。

オマーンの旅の目的は、南北に連なるオマーン山脈に露出する地球内部の岩石を観察すること。月や他の惑星の内部がどうなっているのか、ある程度わかっているにもかかわらず、私たちは自分の足元にある地球内部の様子をまだよく知らない。地下深くまで穴を掘って直接調べることが難しいからだ。

ところが、地球上には地殻から上部マントルまで地下の断面が連続して観察できる、とっておきの場所がある。地球表面を覆うプレート同士の衝突によって、海洋底の地殻からマントルにかけての岩石が剥ぎとられ陸上にのし上げることがあるのだ（一連の岩石はまとめてオフィオライトと呼ばれる）。日本にもいくつかそういう場所があるが、規模が小さく断片的にしかわからない。そこで大規模に連続して露出する格好のフィールドがオマーンなのだ。しかも植物がほとんど育たない砂漠地帯にあるので観察する際にじゃまになるものがない。こうしたところに目を付けた研究者が日本を含め世界中から大勢やって来る。

オマーン山脈は東から西に向かって横切るとしだいに地下深くの岩石が露出する構造になっている。そこで、ランドクルーザーのような４ＷＤ車でワジと呼ばれる涸れ川を遡ると、手っ取り早く観察ができることになる。すなわち上流（西）に向かって進むことは地下深く潜っていくことと同じなのだ。

そこで日本の研究グループが詳しく調査しているワジを目指して、マスカットからオマーン北部の町ソハールに向かう。この町はその昔、『千夜一夜物語（アラビアンナイト）』の中に出てくるシンドバッドが冒険にでかけた船出の地として知られる。

町の南にあるワジ・ヒルティを観察したその日の夜だった。ホテルの中庭で数十人の若

ワジ・フィズに露出する地殻とマントルの境界モホ面。

者グループがパーティーをしていた。「こんな田舎町でうるさいな〜」と思って耳を澄ますとその声は聞き慣れた日本語だった。「どうしてこんなところに大勢の若い日本人が？　もしかして……」と思いながら若者の一人に声をかけてみた。するとなんと、彼らはオフィオライトの調査に来ているK大学とN大学の学生だった。よく見ると指導教官のA教授やM教授、U教授らの姿もある。日本を代表するオフィオライトの研究者だ。

オマーンのオフィオライトについては、この方々の論文やホームページを読んで下調べをしてきただけに感激の出会いだった。しかもK大学は私の出身大学でもある。

砂漠気候のオマーンでは12月下旬のこの時期は酷暑も和らぎ調査に適した時期だ。ソハールの町は彼らのフィールドにも近いことから、こういうピンポイントでの遭遇もあるのだ。おかげでM教授からいろいろ助言をもらうことができた。特に地殻とマントルの見分け方、モホ面の特徴などは翌日の調査に役立った。

こうした助言もあって次の日、ワジ・フィズを上流へと遡り、遂に念願の地殻とマントルの境界（モホ面）に到達することができた。現在の地球でいえば、深海底から6、7㎞ほど地下に潜ったことになる。ワジ・フィズは深海底の堆積物から地殻、マントルの岩石が連続して露出し、仮想の地底探検ができる興味深い場所だった。またランドクルーザーで山深いワジを進むドライブもシンドバッドのような冒険心をそそる体験だった。

（２００９年12月26～27日）

## 5　必死でしたたかな人たち　◎インド（タージマハル）

インドの観光地もネパールのカトマンズのように客引き攻勢が凄まじい。世界遺産タージマハルを訪ねたときだった。ニューデリーから列車でおよそ3時間、お昼前にアグラ・カント駅に到着。駅舎を出ようとすると大勢の人たちに声をかけられ、中には強引に引っ張っていこうとする輩もいる。リクシャー（三輪タクシー）と呼ばれる乗り物のドライバーたちだ。

大勢の人たちと交渉するのも面倒なので無視してその場を立ち去ることにしたのだが、あやしげな日本語で話しかけながら後に付いてくるおじさんがいた。一人が相手だと交渉しやすい（インドでは運賃はその場の交渉で決める）。まず初めに観光案内所に行きたかったので、そこまでの料金を聞くと、「50ルピーでどうだ」と言う。当時、1ルピー2・4円だったので日本円で120円。高くはなさそうだが問題はインドの物価だ。大雑把にいうと、当時の1ルピーはおよそ100円くらいの価値に相当したので、50ルピーは5000円相当ということになる。たった2㎞ほどの距離で、50ルピーはいかにも高い。日本人だとわかってふっかけているのだ。

そこで「50ルピーは高すぎる。10ルピーでどうだ」と返すと、10ルピー減らして40ルピー、ときた。話にならないので断って歩き始めるとさらに値段を下げてきた。何度かやり取りを繰り返し、それでもまだ高いと思ったがあまりの必死さに免じて結局、20ルピーで妥協することにした。

リクシャーに乗って走り始めると、ボロボロになった紙切れを何枚か取り出して、観光案内所の用が終わったらタージマハルまで連れていってやるとか、半日ツアーはどうだとか、新たな勧誘が始まった。

街中を走るリクシャー。

その紙切れには、日本人観光客が書いたらしい文字が認《したた》められていた。このおじさんに案内してもらって楽しい旅ができた、タージマハルは素晴らしかった、といったことが書かれており、要するにこのおじさんのリクシャーを勧める内容だった。同じような中身の英語版の紙切れもあった。なかなかの戦略家ぶりだ。おそらくたくさんの日本人観光客に声をかけ稼いできたのだろう。

観光案内所で用を済ませて外に出ると、そのおじさんはまだ案内所の前で待ち構えていた。彼にとって私は良いカモなのだろう。ここからタージマハルまでの料金交渉を始めると、「今日は政府の要人が来るから、３、４時間しないとタージマハルには

完全に左右対称で世界で最も美しい建築物ともいわれるタージマハル。

入れない。他の観光地を案内してやる」と言う。本当かどうか、あやしいものだ。でも確かめる術《すべ》がないので、実際にタージマハルに行ってみるしかない。とにかく入口までは行きたいというと、今度は、「警護のため道路は一部閉鎖されている。少し遠回りになるから50ルピー（120円）」ときた。これもあやしいが、距離は先ほどの2倍になるので30ルピーで妥協することにした。

確かに人を乗せてリクシャーのペダルをこぐのはけっこう大変な仕事だ。坂道や炎天下では重労働となる。道路はきちんと舗装されているので乗り心地は悪くはない。エンジン付きのオートリクシャーやタクシーのようにさっと目的地に着くわけにはいかないが、街の様子や人々の暮らしを垣間見ながらのんびり走るのも良いものだ。

タージマハルに着くと案の定、オープンしていた。おじさんは何食わぬ顔で30ルピーを受け取り、今度ばかりは「ありがとう」の言葉を残してどこかへ立ち去っていった。

デタラメな理由で騙されそうになったが、あまり憎めなかった。詳しいことはわからないが、おそらくおじさんも毎日を生きることに必死なのだ。14億人もの人々がひしめく暮らし、カースト制度（身分制度）と貧富の格差。混沌としたインド社会を生き抜くためには、ときに強引さやしたたかさも必要なのだろう（戦争直後の日本でも似たような生活を強いられた時期があった）。しめてたった50ルピーの攻防だったが、インド社会の一端が垣間見えるような気がした。

白い大理石がふんだんに使われたタージマハルは、世界で最も美しい建築物といわれるだけあって目を見張るものがあった。完全に左右対称で宮殿のような建物は、17世紀にインドを支配したムガール帝国の王妃の墓だという。その墓は今は世界中から大勢の観光客を呼び込み、地元の人々の生活を支えている。たった一人の王妃のための世界一贅を尽くした墓。日々の生活を必死に生きる人々。格差社会を象徴するような現実があった。


（2005年12月25日）

## 6　こんなところに日本人？　◎オーストラリア

かつて同じようなタイトルのテレビ番組があった。仕事、結婚、留学……。事情は様々だが、何でこんなところに日本人が？　と意外に思うことも多い。

西オーストラリアの州都パースから北へ７００㎞、インド洋に面した辺境の地ハメリンプール（世界自然遺産）を訪ねたときだった。

ここはストロマトライトという太古の化石が、現在でも生きた状態で見られる貴重な場所として知られる。シアノバクテリアと呼ばれる藍藻が造ったもので、化石というより構造物だ。黒い石ころのような構造物が注目される理由は酸素の形成だ。

38億年前に生命が誕生して以来、生き物たちは長い間、酸素のない世界で暮らしてきた。ところが、27億年前ころになると状況は一変。光合成を行うシアノバクテリアが登場し、酸素を作り始めたのだ。ストロマトライトはそのバクテリアの住処《すみか》のようなものだ。

ハメリンプールのあるシャーク湾一帯は特別な観光地というほどでもないが、イルカの餌づけやジュゴン・ウォッチングなどを主な目的に観光客が訪れる。ストロマトライトがメインという人は少ない。

シャーク湾のストロマトライト。浅瀬に延々と広がる。

シャーク湾への入口のバス停まで車で迎えに来てくれたロッジのS氏に旅の目的を話すと、

「ストロマトライトを見るためにわざわざ日本から一人でやって来たってかい？　あんなのただの黒い石ころじゃないか」

と言われる始末だった。さらに、

「このバス停からロッジまでの130㎞の区間に住んでいる人はたったの2人。カンガルーの方がずっと多い、ここは僻地《へきち》だぜ」

見ると車のボンネットの前に衝突から車を守るカンガルー・バーが取り付けられていた。特に日が暮れると車のライトに引き込まれるように飛び出してくるので危険だという。

ロッジに着いたころには日はどっぷりと暮れ、空には南十字星が輝いていた。フロントでチェックインしようとすると、スタッフは若い日本人女性だった。都会から遠く離れたこんな僻地で日本人女性に出会うとは驚きだった。少し様子を尋ねると、ビジネスビザを取得して4年ほど働いているという。遠い異国の地で若い女性が単身で働くその行動力に感心する。

海外で出会う日本人は、団体ツアー客や夫婦を除けば、男性よりも若い単身の女性が多い。パースからのバスで知り合った若い女性はワーキングビザを取得し、いろんなところでアルバイトをしながら英会話を勉強している、と話していた。タスマニアの原生林のトレッキングで出会った女性は、今の仕事をやめて新しい仕事に就く前の旅行だった。シドニー近郊の国立公園のチケット売り場にも若い女性がいて、トレッキングについていろいろ教えてもらった。ガラパゴス諸島ではペルーの日本人学校で数学を教えている女性と1日ツアーで一緒になった。

どうして男性の海外一人旅が少ないのだろう。ある女性に尋ねると、若い男性の場合は特に就活や仕事にエネルギーをそがれ冒険心を発揮しにくいんじゃないか、との見立てだった。確かにそうかもしれない。

ちなみに、学生の海外留学が大幅に減っていることにもよく似た事情がありそうだ。今の日本社会では大学卒業時の就職活動がうまくいかないと正規の就労が難しく非正規になる傾向がある。留学して海外の大学を卒業しても就職がうまくいくのか不安があり留学をためらってしまうのかもしれない。また一方で留学資金の確保が難しいという理由もあるようだ。

海外留学の減少は最先端の研究に触れ国際感覚を身につけた若者が減り日本の将来にとって大きなマイナスとなるのではないか。ノーベル賞を受賞するような一流の業績を上げた人の多くが若いときに海外留学を体験しているからだ。若者が伸び伸びと生活できる社会の実現が望まれる。

（２０１１年８月１日）

## 7　火山観測所で出会った粋な人たち　◎イタリア（ストロンボリ島）

イタリアの形を長靴にたとえると、その甲の上にリゾートアイランド・エオリア諸島がある。世界自然遺産にも指定され、すべて火山からなる島々だ。船が唯一の交通手段で宿泊施設が少ないこともあって、観光客がどっと押し寄せるわけでもなく、きらめく太陽の下、のんびりした雰囲気が楽しめる。

観光の目玉の１つがストロンボリ火山の噴火見物だ。一定の間隔でドドーンと低い音を立てながら、打ち上げ花火のように夜空に赤い溶岩の飛沫《しぶき》を噴き上げては消えていく様は幻想的でもある。２５００年もの間絶え間なく噴火を繰り返し、夜空を赤く染めてきたス

ストロンボリ島。噴火口は反対側の山頂近くにある。

トロンボリ火山は、船乗りたちからは「地中海の灯台」と呼ばれ親しまれてきた。また火山学では、この火山のように溶岩の飛沫を噴き上げる穏やかな噴火を「ストロンボリ式噴火」と呼び、いろいろある噴火のタイプの1つとしてこの火山が取り上げられてきた。

しかし普段は穏やかに噴火を繰り返すこの火山もときに大きな噴火を起こし、住民に被害を与えることがある。2019年7月の大噴火では火砕流が発生し、ハイキング中の観光客一人が犠牲になった。また噴火に伴って大津波を発生させることもある。

そんな火山活動を監視するための観測所が山の麓にある。トレッキング中に近くを通りかかったとき、ふと思い立って立ち寄ってみることにした。以前フィリピンの活動的な火山マヨン山に行った際、事前の予約なしに観測所の施設見学をさせてもらったので、軽い気持ちでの訪問だった。

ところが事務室で見学を申し入れると、事前の予約・許可がないとダメだという。もっともな話である。いざというときに重要な役割を果たす国の観測所にどこのウマの骨とも知れない男が一人ふらっと訪ねてきて、いきなり観測所を見学させろとは無謀ともいえる。しかし、学生のころ火山を勉強しわざわざこの火山を見るために日本からやって来たことを伝えて粘ってみたところ、申請書を出せば見学を許可してやる、とその女性は言う。特に定まった申請書はないので、いったんホテルに戻って手書きで簡単な申請書を作り持っていった。

観測所内は様々な観測機器のモニターが並び、雑然としていた。しかし画面に表示されたグラフはリアルタイムの火山の状態を示しており、ちょっとした緊張感が伝わってくる。今のところグラフに目立った変化はなく、火山活動は落ち着いているようだった。

そんな中モニターを一人じっと見つめていた若い男性研究者が私に気づき、観測データについて説明をしてくれることになった。私の方も簡単に自己紹介し私が日本人であるとわかると、自分は京都大学の桜島火山観測所で研究したことがあると言いだし、両国の観測所のことで少し話が弾んだ。そういえばストロンボリ火山と桜島はいずれも活動的な火山で共通点も多い。しかし長年実績を積み上げてきた日本の火山観測所はどんどん閉鎖され、桜島観測所は数少ない観測所の1つになる一方で、イタリアの観測所や火山情報館の充実ぶりは羨ましい限りだった。

それにしても親切に対応し観測所内を案内してくれた事務の女性は、どことなく見覚えがあるような感じがして気になっていた。しかし具体的なことは思い出せなかった。

帰国後、テレビ番組の録画ビデオを見直していてようやくわかった。BS・TBSのかつてのテレビ番組「地球絶景紀行～ストロンボリ島」で漁師の妻として登場しインタビューにいろいろ答えている気さくな女性ヴィヴィアンさんだった。

（2015年8月4日）

## 8　異国で民宿を経営する日本人　◎台湾（花蓮）

台湾は日本の九州よりやや小さな島国だ。そのため2日もあれば鉄道でぐるっと1周することが可能だ。見どころの島の東部では南北に連なる台湾中央山脈が聳《そび》え、鉄道はその麓を走るため、海あり山ありの景色が楽しめる。

そこで、そのまま素通りするのは勿体ないので花蓮《かれん》の町で途中下車し、1泊することに

清水断崖。台湾の急速隆起によって形成された世界有数の急崖。

した。ここでの見どころは2カ所。海では切り立った清水断崖、山では奥深いタロコ（太魯閣）峡谷だ。たまたま予約した民宿が日本人の経営だったので、宿の主人が車で案内を買って出てくれた。

清水断崖は、切り立った断崖が海へと切れ落ち、そのまま深海底へと続いているという。しかも標高2407mの清水山から水平距離にしてわずか4㎞ほどで海へと切れ落ちる世界有数の勾配とされる。この急崖は、フィリピン海プレートが台湾を載せたユーラシアプレートに衝突することによって、世界最速のスピード（7㎝／年）で隆起して形成されたという。目の前の断崖にそんな地球の営みが隠されていると思うと、風景がまた違って見えてくる。鉄道は清水断崖をトンネルで通過するので、残念ながら車窓から断崖を楽しむことはできない。似たような地形は新潟県の親不知《おやしらず》海岸でも見られる。

一方、花蓮から北へ清水断崖に向かう途中の道を左に折れ、山間《やまあい》を進むと、台湾を代表する景勝地タロコ峡谷がある。狭い谷間を進む道は所々で岩壁がオーバーハングし、今にも崩れ落ちそうな不安にかられる。実際に落石事故も起きているそうだ。

この峡谷は、台湾の高速隆起によって海底から持ち上げられた大理石の岩盤を立霧渓（川）が浸食して造ったV字谷だ。美しい大理石の岩壁や奇岩怪石、澄んだ水の美しさが人々を魅了し、台湾でも人気の観光地となっている。

花蓮やその周辺を歩いていると、首都台北の赤レンガの総統府のように、かつて植民地支配をしていた日本が造った建物や鉄道、道路などに出くわす。民宿オーナーのKさんにその一部を案内してもらい、いろいろ詳しい話を聞かせてもらった。Kさんは今日本の植民地支配の実態をいろいろ調べているという。

かつては同じ大日本帝国の植民地でありながら、韓国と日本は従軍慰安婦問題や竹島問題など様々な未解決問題を抱え紛争が絶えないのに対し、台湾は韓国に比べ日本に友好的なのはなぜなのだろう（もちろん、快く思っていない人もたくさんいる）。

Kさんによると、植民地支配当時、日本は発電所や鉄道、道路、港などのインフラ整

タロコ峡谷。岩壁が道路の上に覆い被さる。

備、伝染病が蔓延していた衛生環境の改善、農林水産業の近代化などによって台湾の生活水準の向上に貢献。未だに日本人の何人かは台湾の発展に貢献した功労者とし追悼されているという。また日本の統治下で台湾の教育水準は向上し、就学率、識字率ともに上昇したともいわれる。

一方で、花蓮には日本の支配に対する反対運動・暴動を記録する史跡も残されている。こうした「実績」だけでかつての台湾統治を評価してはいけないと思う。もう一度、Kさんから詳しい話や評価を聞きたいと思う。

（2012年4月27日）

## 9　筆談で日中交流　◎中国（九寨溝）

中国語は難しい。しかし、書かれた文の意味を大雑把に理解することはある程度は可能だ。最近は従来の漢字を簡略化した簡体字が使われるようになりわかりづらくなっているが、中国と日本は同じ漢字圏なので、文字を追っていけば何について書いてあるのか、ある程度理解できる。相手に何か伝えたいときも、漢文のように漢字を並べれば通じることがある。

たとえば、車の運転手に「15：30、出発　駐車場」と書いてメモを見せれば、正しい中

土砂崩れによる渋滞でなかなか進まず、筆談で時間を潰した。

国語の単語や文字と違っていても「15時30分に駐車場を出発」したい旨が伝わる。英語がまったく通じないタクシーの運転手にこのやり方は有効だった。

四川省の奥地にある中国屈指の景勝地・九寨溝（世界自然遺産）に行ったときのことだ。帰路にもう1つの見どころ黄龍（ここも世界自然遺産）に立ち寄って九寨黄龍空港に向かうため車を雇った。ところが山深く急峻なところがあるため、所々で崖崩れや土石流が発生し、道路が寸断され迂回路に回されることがある。このときもそうだった。復旧工事で渋滞が発生し、なかなか前に進めない。

退屈しのぎに運転手がいろいろ話しかけてきた。しかし中国語はまったくわからない。そこでメモ帳を取り出して筆談にしたところ、思いのほか会話（？）が弾んだ。

この渋滞では黄龍は時間的に厳しくなってきたので、適当に漢字を並べて「我欲行黄龍。可黄龍？」（黄龍に行きたいが可能か？　のつもり）と尋ねると、彼はちょっと考えた後腕時計を見せながら「不能走」「没时间」と書いてよこした。どうやら、黄龍へは「行けない、時間がない」ということらしい。さらに「高原反应」ともある。最後の文字が「応」に似ているので高原反応だとすれば高山病のことかもしれない。石灰華が千枚田（棚田）のような池を造る黄龍は標高３６００ｍの高地にあるので、確かに高山病への注意が必要だ。しかし空港も標高３４５０ｍにあり、あまり変わらないのだが……。

さらに「什么工作？」と書いてきたが、これはなんのことかまったく見当がつかない。しばらく考えていると、「work」と書き添えてくれた。どうやら「職業は何ですか？」ということらしい。

こんな調子でやり取りを交わしていると、政治の話題になった。

「安倍ＮＯ×」「石原ＮＯ×　鱼钓岛」

この数年前に尖閣諸島を東京都が購入する計画が持ち上がり、中国で反日デモが発生し大きな政治・社会問題となったことを受けたかなり踏み込んだコメントだった。また「日本人民ＯＫ」ともあった。日本人は悪くない、これは政治の問題だ、ということらしい。私も「中国人民ＯＫ」と返すと、彼は嬉しそうに微笑んでくれた。政治的な問題と国民同士の関係は分けて考えたい、という点で気心が通じたように感じ私も嬉しかった。ささやかだが、日中の交流が少し深まったような気がした。

当たり前のようになっているが、ビジネスとはいえ私たちは実際にこうしてタクシー運転手の手を借りて行きたいところに行くことができる。ホテルやレストラン、鉄道やバスなどたくさんの中国人に支えられて中国国内を安全に旅行することができる。逆に私たちは日本にやって来る中国の人たちに対して同じことをしている。好き嫌いの問題はあっても、私たちは国民同士の友好的な交流を続けているのが現実だ。（２０１４年９月18日）

## 10　心優しき人たちと筏下りを満喫　◎中国（武夷山）

黄山や桂林などと並ぶ山水の名勝・武夷山《ぶいさん》。お茶好きの人には高級ウーロン茶の産地としてよく知られるが、日本での知名度はさほど高くない。しかし、赤く切り立った岩壁や岩塔、谷間を縫って流れる渓流、そして豊かな動植物相が評価され、世界自然遺産に登録されている。

9カ所で大きく曲がる九曲渓の筏下り。

そんな武夷山の観光のハイライトの1つが、九曲渓（川）の筏下《いかだ》りだ。高い山の上から見下ろす武夷山の景色も見事だが、深い谷底から見上げる切り立った岩壁や亜熱帯の森も素晴らしい。

風景区の入口で筏下りのチケットを購入し、予約した時間に乗り場に着くと長蛇の列だった。さすがに人気の川下りだ。列の最後尾を探していると、突如、後ろから英語で話しかけられる。

「すみません、あなたは日本人ですか。もしそうだったら、私たちのグループに来ませんか？」

突然の誘いで最初はどういうことかよくわからなかった。理由を尋ねると、どうやら筏は6人乗りで、彼のグループは5人だったのでもう

断崖絶壁に葬られた舟形木棺。左上の写真はこの柩の場所。

一人を探していたらしい。中国語も筏の乗り方もわからない私にはありがたい申し出だった。

筏下りは大混雑で予定の30分遅れの出発となったが、手続きはスムーズに進んだ。筏は太い孟宗竹を十数本束ね、その上に竹で造ったイスを6脚固定した極めてシンプルな作り。浅瀬で船底を擦っても転覆の心配はない。

九曲渓はその名の通り9カ所で大きく曲がる。曲がる度に変化する景色が素晴らしい。

乗り合わせた5人はよく笑う明るい人たちだった。最初は家族か親族かと思っていたが、職場の同僚ということだった。

見どころが近づくと、その都度船頭が説明をし始める。たいていはゾウやカメに似た岩の話だが、みんなけっこう盛り上がって楽しそうだ。

そんな中一人の若い女性が、言葉がわからず

筏下りで出会った陽気で心優しい中国人。



置いてけぼりの私を察してその都度、英語で説明してくれた。その優しさ、気遣いが嬉しい。

筏下りも半分を過ぎたころ、船頭の説明を聞いて5人が一斉に高い崖を見上げて何か探し始めた。小さいものらしくすぐには見つからず、やっと見つけた一人が指さす方向にそれはあった。高い崖に安置された舟形木棺だ（写真）。3000年ほど前の墓の一種で、中国南部からフィリピンにかけて見られるという。

早速彼女が私にその場所を教えようとしてくれたが、やはりなかなか見つからない。

「コフィン、コフィン（柩《ひつぎ》）よ」

そう言われても、断崖絶壁に柩？　想像もできない組み合わせに戸惑ったが、やっとその意味がわかった。崖の上の方に確かに船の形をした柩らしきものが数枚の板の上に置かれているのがなんとか見て取れる。

それにしても危険を伴うこんな絶壁にどのようにして柩を運び安置したのか、この葬送にどういう意味があるのか、不思議な柩だった。

武夷山のシンボル、ピンク色の美しい岩塔・玉女峰が見え始めると、そろそろ筏下りも終わりだ。5人の心優しい中国人と一緒に筏下りができて楽しい2時間だった。

いまや中国人観光客は、地の果て、南アフリカの喜望峰でも南米のパタゴニア、オーストラリアのタスマニアなど、世界中どこに行っても見かける。にぎやかで周囲に無頓着という、正直あまり良くない印象だったが、今回、親切で心優しい人たちと出会って中国人に対する印象も少し変わり嬉しかった。

（2014年9月22日）

# 第3章 異国の地で日本を考える

## 1　インド洋大津波に見るマスコミ報道の温度差　◎香港

インド洋大津波は衝撃的だった。２００４年12月26日朝8時前（現地時間）、インドネシアのスマトラ島沖でマグニチュード（Ｍ）９・１の超巨大地震が発生。この地震による巨大津波がインド洋沿岸部を襲い、28万人を超えるともいわれる犠牲者を出した。２０１１年3月の東日本大震災の犠牲者１万８８７７人の15倍にも及ぶ未曾有の災害だった。

私はそのときたまたま香港にいてホテルのテレビで大津波の発生を知った。ＢＢＣ、ＣＮＮ、ＮＨＫなど、多くの放送局が通常の番組から地震・津波関連に絞った特別報道に切り替えていたので、ことの深刻さがすぐにわかった。

発生当日の26日夜の時点では、Ｍ８・９、津波の高さは10ｍ以上とされていた。インドネシアをはじめ、タイ、インド、スリランカ、モルディブなどで死者３０００人以上が確認され、タイのプーケット島などで観光客が撮った津波映像が繰り返し流されていた。被災地の人々やテレビのリポーターの中には津波のことを「ビッグ・ウェーブ（大波）」という言葉で伝える人もおり、津波という自然現象そのものがよく知られていない、理解されていないことが窺えた。それまでインド洋周辺国では目立った津波被害がなかったから

朝日新聞
地震・津波 死者3000人超
スマトラ島沖M8.9
インド洋沿岸被害拡大
過去40年最大
ダイバー100人不明
1900年以降5番目の規模
認定調査を厳格化

地震翌日の「朝日新聞」の紙面。

世紀海嘯
蘋果日報
死 23,000人
港府：有港人遊泰失蹤

地震２日後の香港の新聞。遺体写真が載っている。



だろう。

翌27日夜になると、「犠牲者は2万3000人超」（NHK）となり、遠くアフリカにまで被害が及んでいることが明らかになってきた。地震の規模Mは8・9から9・0へ修正され、テレビの画面には新たな津波映像や被害の惨状が次々と流され始めた。それは初めて目にする衝撃的な津波の威力と被害の惨状だった。発生から2日近く経ってこの災害が世界的にも未曾有の災害であることが誰の目にも明らかになってきた。

3日目の28日には、早くも香港市内の繁華街でいくつかのグループが被災地の窮状を訴え、救援募金を呼びかけていた。

私は地震の翌日から毎日、ホテルの近く

のコンビニで地元香港紙や英字紙をいくつか買って情報を収集するようにした。

驚いたのはその紙面構成だった。第1面のトップは半分が大判の写真と大きな見出し。続くページも半分以上が被災地の写真と津波のメカニズムの解説図などで埋め尽くされている。日本の新聞の号外やスポーツ紙のそれに近い構成だ。紙面をひと目見ただけで被害の深刻さ、悲惨さが伝わってくる。

さらに驚いたのは犠牲者の遺体写真だ。リゾート地の砂浜にたくさんの観光客が裸で横たわり亡くなっている状況を上空から撮影し、無修正で載せていたのだ。オレンジのシートに包んで横たえられた遺体安置所、亡くなった幼い子どもを抱きかかえたまま泣き叫ぶ若い母親の姿……。見るに堪えない、目を覆いたくなるような写真が並んでいる。1紙だけでなく何紙もの新聞が犠牲者の写真を修正することなく紙面に載せている。日本ではあり得ないことだ。

最初に目にしたときはショックで、報道はやり過ぎだと思った。犠牲者やその家族、被災地への配慮が足りないのではないか、と疑問を感じた。

しかし一方でこうした写真は、文字では伝えきれない現実をリアルに伝えているとも思った。クリスマス明けの穏やかな休日を過ごしていた人々が突然の巨大津波に襲われ、命を絶たれた無念な思いが伝わってくる。単に犠牲者の数や破壊された町や物の写真から感じ取る惨状とは質的に違うものがあった。我がことのようにいてもたってもいられない気持ちの香港市民がいち早く支援活動に立ち上がったのも、こうした報道が背景にあると思われる。

では日本のマスコミはこの災害をどう報じたのだろう。帰国後、日本の新聞各紙をいくつかチェックしてみた。

それは香港帰りの私には拍子抜けするような紙面だった。地震の翌日の朝日新聞を見ると、第1面の3分の2に地震や津波の規模、犠牲者の数が大きな文字で報道されている。しかし残り3分の1は通常の記事だった。中ほどのページでは1面全部を津波被害の写真に使ってはいるものの、大災害には違いないがどこか遠いところで起きた出来事、といった印象がぬぐえない。地震2日後、3日後も同じような扱いで、リアルな報道を展開して市民を震撼させた香港のマスコミとは大きな開きを感じた。テレビの番組も同じだ。地震3、4日後になるとニュース枠以外、地震・津波関連の番組はほとんどなくなり、恒例の年末特別番組が通常通り流されていた。

30万人近い犠牲者を出した歴史的大災害である。7年も経たないうちに日本も同規模の地震・津波災害に見舞われることになるが、この未曾有の災害の教訓がどれだけ生かされたのか。災害のリアルを私たちはきちんと受け止めることができたのだろうか。日本のマスコミはその惨状と意味を次は我がこととして詳しく伝えたのか。考えるべきことは多い。

（2014年12月26〜28日）

## 2　被災地支援のあり方にもお国柄が表れる　◎タイ（プーケット）

インド洋大津波が発生した当時、カメラの付いたスマートフォンはまだ普及していなかったが、それでも津波襲来時の動画がいくつも撮影され世界中に広まった。日本ではタイのプーケット島のリゾートで撮影された映像が繰り返し放映された。突然、大波が押し寄せ逃げ惑う観光客の姿は、津波の恐ろしさをまざまざと示していた。

プーケット島はアンダマン海の真珠と称され、年間1000万人もの観光客が訪れるタイ屈指の観光地だ。エメラルドグリーンの透き通った海と真っ白な砂浜、きらめく熱帯の太陽は多くの人々を魅了してやまない。

大津波はこの島にも押し寄せ、800人あまりの死者・行方不明者を出すなど大きな被害を被った。しかし、津波の波高が数mほどでさほど高くなかったため、隣のカオラックに比べると被害は小さい方だった。そのため復興は順調に進み、2カ月後には観光客の受け入れができるまでになった。

ところが別の被害がこの島を苦境に陥れることになる。いわゆる風評被害と、被災後間もない被災地で観光とは不謹慎、とする考え方だ。特に日本ではこうした傾向、考え方が根強い。地元の人たちは観光の早期再開が復興の弾みになると期待したものの、観光客はほとんど戻ってこなかった。その結果、観光が中心産業の島のことだけに、多くの人たちが働き場を失い、首都バンコクなどに出稼ぎに行かざるを得ない人が増えたという。

そこでタイ政府の観光庁は日本やオーストラリアなどの国々に対して、タイに観光に来るよう異例の要請を行った。この要請を受け日本では旅行会社がプーケットへの格安ツアーのキャンペーンを実施。新聞で「観光でタイの復興支援」の広告を目にして、なるほどこういう支援の仕方もあるんだと納得した私は津波の調査を兼ねて3月初旬のツアーに参加することにした。

夕方バンコクに着きプーケット行きの飛行機に乗り換えると、それは今ではほとんど目にしなくなったジャンボジェット機だった。しかし肝心の乗客がほとんど見当たらない、ガラガラの状態だった。かつてのプーケット人気には遠く及ばない、壊滅的な現実を映す象徴的な光景だった。

プーケットに到着し飛行機を降りるとすぐ、私と同行の友人の他に3人の外国人観光客の名前が書かれた張り紙があって進行方向が矢印で示されていた。信じられないことにジャンボジェット機の乗客はたったの5人だったのだ。

出迎えの車に乗ってプーケットで最も賑やかなパトン・ビーチのホテルに着くと、このホテルもやはりガラガラだった。津波はここでは海岸道路を越えて1つ東の道路あたりまでしか侵入しなかったため、被害は比較的軽くホテルに津波の痕跡はなかった。

翌朝ビーチに出ると美しい熱帯の海が広がっていたが、人影はほとんど見られず閑散としていた。津波の被害をまったく感じさせない穏やかな表情のパトン湾の沖合には大きな船が停泊していた。オーストラリアからやって来た観光客が乗る船だ。彼らはタイ観光局の要請に応えて大挙やって来たのだ。中には津波の襲来からまだ2カ月あまりしか経っていないのに、磯辺でシュノーケリングを楽しむ人たちもいた。

彼らの様子を見ていて、日本人と考え方の違いがあるように思った。彼らは現実を直視しより合理的に物事を考え行動するが、日本人は情に大きく左右され思考停止に陥るきらいがある。

旅行代理店の人の話では、日本の若い人たちが復興支援ための観光と銘打ったツアーに参加しようとすると、親が反対するケースが多いという。たくさんの人の命や住む家を失い悲嘆にくれている横で観光なんて不謹慎、というのが主な理由らしい。人の悲しみや苦難をおもんぱかる日本人らしい優しさの表れともいるが、被災後2カ月経ったプーケット

海側の壁がなくなった小学校。沖合にオーストラリアの観光船が浮かぶ。

の人たちが悲嘆にくれているのは、観光客が激減し生業《なりわい》が立ちゆかなくなっている現実、二次災害だったのだ。

　似たようなことは東日本大震災の被災地でも起きた。被災地が落ち着いてきたころを見計らって足を運んでお金を使い、人々の声を聞いて苦難や教訓を共有することは大切なことではないだろうか。行って良いものかどうか迷いながらも音楽家や芸能人たちが被災地で音楽会やイベントを開催したことが、被災者の励みになったという声をテレビで何度も目にした。

　実際にプーケットに行って観光をしてみると、地元の人たちに歓迎され、津波や現在の状況などたくさんのことを話し聞かせてくれた。

（2005年3月6〜9日）

## 3　人の死を忌物としないカオスの国　◎インド

もう十数年も前のことなので急速に経済発展を遂げるインドのこと、その様子は少し変わっているかもしれない。

インドに初めて足を踏み入れる観光客は2つのタイプに分かれるという。日本とあまりにもかけ離れた雑多な雰囲気に不快感を覚え2度と来たくないと嫌悪感をもつ人、その逆に最初は戸惑いながらもどこか心地良さのようなものを覚え魅力を感じる人。比較的若い人に多いが、そのまま長期にわたって住みついてしまう人もいる。

インドはカオス（混沌）の国だ。国連は2022年7月、インドは人口爆発により23年には人口が中国の14億4850万人を抜き世界一となると発表した。インドを旅することはたくさんの人、人種がひしめく人間のるつぼの中に飛び込むようなものだ。街は喧噪に溢れ埃っぽく、道行く人と肩がぶつかることはしょっちゅう。誰も気にもとめない。強い日射しのもと人々はみな汗っぽく必死に生きる姿はどこか逞しい。日本人のように他人のことを気にすることもなく、ありのままの自分で良い。そんな暮らしぶりがインドの心地良さの一つなのかもしれない。

デリー市内のバザールを悠然と歩く牛。聖なる牛は街の一員。

インドでは国民の8割がヒンドゥー教徒とされ、カースト制と呼ばれる身分制度が根付いており、貧富の格差が激しく複雑な社会を構成している。

街中ではまるで人間社会の一員であるかのように自由にうろつく牛を見かけることがある。ヒンドゥー教では牛は神聖な動物として崇拝され、人や車でごった返す街中をのんびり歩いていたり、狭い路地で突然鉢合わせになってビックリすることもしばしば。街中には彼らの排泄物があちらこちらに落ちており、うっかりすると踏み抜いてしまう。

またハヌマンラングールと呼ばれるオナガザルが神の使者として崇められているせいか、野生のサルとばったり出会うこともある。牛やサル、そして野良犬たちは人々と共存するように

第3章

マニカルニカー・ガート。遺体が荼毘に付され遺灰はガンジス川に流される。

普通に暮らしており、街の風景に自然と溶け込んでいる。

ヴァラナシ（ベナレス）はガンジス川沿いに拓かれて3000年の歴史をもつヒンドゥー教徒の聖地だ。聖なる川ガンジスの水で沐浴すればあらゆる罪は浄められ、ここで死者を荼毘《だび》に付しその遺灰をガンジス川に流すと輪廻からの解脱が得られるとされる。そのためここで死を迎えるためにやって来る人も多い。

ガンジス川沿いにはガートと呼ばれる階段が川底に向かって延びており、ここでヒンドゥー教徒が沐浴したり死者を火葬したりする。川沿いには80を超えるガートが連なり、祈りを捧げる人たちが絶えない。

そのうちの1つ、火葬場のマニカルニカー・ガートに行ってみた。ちょうど煙が立ち上り積み上げられた薪《まき》の上で遺体の火葬が行われている最中だった。ここだけは厳かな空気に包まれ、遺族らしき人たちが火葬場を取り囲み死者をじっと見つめている。行きずりの人や観光客にもその様子があからさまに晒《さら》される。

火葬の現場を直接目にするのは初めての体験で顔を背けたくなる衝撃的な光景だった。赤い炎の中で燃えてゆく遺体。手足の一部が地面に落ち、その周りを野良犬がうろついている。その場を離れたくなるような光景だった。動悸がして身体が固まるような緊張感を覚える。

固唾《かたず》をのんでその場に佇んでいると、しかし……とも思えてきた。死を日常の一部としてありのままに受け入れ、死者を見送るこういうやり方はある意味で自然な行いなのかもしれない。私たちは死者の見送りを葬儀場や火葬場に委ねることで死を遠ざけてはいないだろうか。そんな風にも思えてきた。

インドを旅することは自分を見つめ直し、社会の有り様を考えることにもつながる。カオスと多様性の国インドから学ぶことは多い。

（２００５年12月24〜30日）



第３章

## 4　羊の国で考える「豊かさ」の意味　◎ニュージーランド

自然豊かな南半球の島国ニュージーランド。羊の国としても知られ、日本のおよそ4分の3の国土に500万人が暮らす一方で、その6倍にあたる3000万頭近い羊が放牧されている。あちらこちらで目にする美しい緑の牧場には心が和む。

ニュージーランドの自然は多様で、際だって美しい。サザンアルプスの険しい山並みと氷河、その麓に広がる緑豊かな平野と湖、そして氷河が削ったU字谷。さらに活動的な火山と温泉。

そんなニュージーランドを旅していると、いろいろ考えさせられることに出くわす。

この国には鉄道は少なく、観光客に人気の鉄道が北島に1路線、南島に2路線しかない。国内での移動は車が中心となる。

道路を走っていて橋を渡ろうとすると、2車線道路が突如1車線となることがある。道路標識には「GIVE　WAY（道を譲れ）」とあり、対向する車があれば通過を待つことになる。中にはその1車線の橋に鉄道も通り、車と列車が供用する橋もある。こんなことは日本では考えられない。

2車線から1車線に変わる橋。鉄道とも共有する。

どうしてこんなことが起こるのか。それは交通量が少ない道路にコストがかさむ2車線の橋を造る必要はない、という合理主義的な考え方に基づいている。年度末の監査でムダなものを造った場合は厳しく追及されるという。ちなみにニュージーランドは世界一汚職の少ない国といわれる。

日本ではほとんど車が走らないようなところでも、目を疑うほど立派な道路が造られていたりする。ニュージーランドでは絶対にあり得ないことだ。

さらにニュージーランドは日本と同じように山が多い国なのに、トンネルの本数は全部でなんと10本にも満たない。トンネル工事には莫大なお金がかかるから造らないのだ。

南島に人気の観光地クイーンズタウンがあ

る。ここから雄大なフィヨルドで知られるミルフォードサウンドへツアーバスで行くことにした。その距離約３００km、およそ4～5時間を要する。しかし地図を見ると、ミルフォードサウンドはクイーンズタウンの北西約70kmとかなり近い。いずれも人気の観光地のこと、日本だったらトンネルや橋を造って近道を切り拓くに違いない。しかしニュージーランドではたとえ遠回りしてでも目的地に着ければ良い、途中でいろんな景色が楽しめるとして国民は文句を言わないという。

日本とニュージーランド、どちらが豊かな国なのだろう。（２０１4年2月9～14日）

## 5　50年代のアメリカ車が今も現役　◎キューバ

カリブ海に浮かぶ「社会主義国」キューバでは、１９６2年から始まったアメリカ主導による経済封鎖が未だに続いており、経済発展の大きな障害になっている。しかし厳しい環境に置かれながらもキューバならではの優れた制度がたくさんある。

たとえば教育の分野。キューバでは教育費は小学校から大学まですべて無料だ。大学進学率は60％超。女子76％に対して男子50％と女子が多く進学している点が興味深い。国家予算に占める教育費は20％近くにもなり、キューバがいかに教育に力を入れているかがわかる。その成果は中南米で学力第1位を誇る国となり、ユネスコがフィンランドとともに教育モデル国に推奨しているほどだ。

対する日本の教育はどうだろう。教育費は国家予算のわずか5％。GDP（国内総生産）に占める割合は3％弱にすぎず、OECD（経済協力開発機構）38カ国中37位で最底辺国になり下がっている。子育て世代には教育費が大きな負担となり、深刻な少子化の問題にもつながっている。また大学生は高額の授業料や奨学金という名の借金に苦しんでいる。

医療の面でも「キューバ・モデル」として知られるプライマリー・ケア（身近な医師による総合的な医療）を重視した制度がある。人口1万人あたりの医師の数は世界トップレベルで、予防に重点を置いた家庭医が地域住民の健康状態を把握している。医療費は無料、海外にも多くの医師を派遣している。

福祉の面でも、デイサービスのような施設利用や介護施設への入居は無料。老後は安心して暮らせるという。一方の日本の現状はいうまでもない。

産業の面では、サトウキビやタバコ栽培などを中心とする農業や観光、鉱業が主なもので経済的には決して豊かな国とはいいがたい。アメリカ主導の経済封鎖が影を落としているが、貧富の格差はほとんど感じない。社会が安定していることもあって治安に問題はな

ハバナ市内を今も現役で走る1950年代のアメリカ車。

く、街を歩いていても不安を覚えることはない。

そんな中、街中でひときわ目を引くのは1940～50年代のクラシックカーだ。当時のアメリカが持ち込んだものだが、59年のキューバ革命とそれに続く経済封鎖のため輸入が激減。旧ソ連製の中古車は入ってきたとはいえ、アメリカの車を繰り返し修理して使用するしかなかったのだ。現在は主に観光用のタクシーとして利用されているが、スペイン風の街並みに溶け込んでレトロな雰囲気を醸しだし、街歩きしながら眺めているだけでも楽しい。まるでクラシックカーの展示場のようなキューバ。車ファンにとってはたまらない国だろう。

それにしても、経済封鎖という事情があるにせよ、同じ車を修理を重ねながら70年、80年と使い続けるとは驚きだ。おそらくこんな国は世界のどこにもないだろう。

日本では7、8年ごとに新車に乗り換えることが多いらしいが、そうすると一生に5、6回買い換えることになる。車の値段を200万〜300万円だとすると、生涯で1000万円から2000万円を車に費やすことになる。燃料やメンテナンスなど維持費を含めると、生涯で5000万円を超えるという（187ページ参照）。

また乗り捨てた古い車は中古車として再利用されることはあっても、やがて大量の廃棄物として捨てられる。日本にはキューバのように1台の車を数十年と長く乗り続ける文化はない。まだ十分乗れる車でも新しい車に乗り換えられてゆく。果たしてこういう生活スタイルは持続可能なのか。

キューバの教育・医療・福祉、そして車事情は、格差のない環境と人に優しいSDGs社会が唱えられる中、学ぶべきことは多い。

（2010年12月25日）

## 6　国立公園は国をあげて保護する誇り高きもの　◎アメリカ

これまでたくさんの国の国立公園を歩いてきた。国立公園とは、自然の保護とレクリエーションを主な目的として国が指定・管理する公園で、本来の自然の姿に接することが

第3章

できるのが最大の魅力だ。今では世界中に約7000の国立公園があるというが、最初にできた国立公園は、1872年に指定されたアメリカのイエローストーン国立公園（地熱や地殻変動が活発な超巨大火山）だ。

アメリカの国立公園を巡っていると、イエローストーンはもとより、グランドキャニオンやヨセミテ、ハワイ火山など、大自然とはこういうものかとその素晴らしさに魅せられることが多い。そのアメリカでは「アメリカの自慢は美しい大学のキャンパスと国立公園だ」といわれていることを最近になって知った。そういえばなるほどと思った。確かにアメリカの国立公園はその美しさと規模、管理運営システムなど、世界でも群を抜いている。

その裏には、すべての国立公園が国有地で、連邦内務省の国立公園局が徹底した管理を行っていることがある。政権交代などによる変動はあるものの、パークレンジャーの数は非常勤を含めて2万人以上、国家予算は2000億円近くに達する。これに公園入場料2〜3兆円の収入が加わるので、莫大な予算を使って運営されていることになる。

一方、日本の国立公園の場合は公園によって大きな差があるものの、全体として国有地は6割にすぎず、私有地が3割弱を占めている。しかも国有地のほとんどが環境省ではなく林野庁が所管する国有林だ。国立公園に携わる環境省の職員も300人程度。国家予算は約70億円（2022年）と、アメリカに比べ桁違いに少ない。

国立公園内では動物たちが優先。彼らが立ち去るのをじっと待つ。

アメリカの国立公園の自然保護は徹底している。私はかつて写真を撮るためトレイルからほんの少しはみ出しただけで通りかかったパークレンジャーから注意されたことがある。また拾った化石を1、2個持ち出しただけで逮捕され、帰国できなくなると脅された（？）こともある。

パークレンジャーとは自然保護官のことだが、アメリカでは観光客への案内やトレイルの整備などの他に警察権まで持ち、幅広い仕事をこなしている。制服姿のレンジャーはどことなく威厳があって見た目にも格好良く、子どもたちの憧れの職業の一つになっているという。彼らは徹底した教育を受けており、地質学や生物学などのスペシャリストも多い。彼らが行う無料のガイドツアーやレクチャーはかなり質が高

パークレンジャーによるガイドツアー（イエローストーン）。

く、解説ボードやスライドを使ったユーモアたっぷりの解説は聞いていても楽しく勉強になる。観光客も気軽に質問をぶつけている。

公園内のホテル、キャンプ場、レストランなどについても当局が設置し、運営は契約を交わした民間業者が行っている。そのため派手な看板の土産物屋や娯楽施設は公園内で一切目にしない。しかもこうした施設はビレッジと呼ばれる場所に限定され必要最小限に抑えられているため、グランドキャニオンやヨセミテなど人気の公園のホテルは予約受け入れ開始後すぐに埋まってしまい、予約を取るのに苦労する。

私は国立公園に入園したら、真っ先にビジターセンターに立ち寄ることにしている。ここでは無料の地図や情報紙がもらえる他、展示や映像シアターを通して公園についての基本的な情報が得られる。また書籍や土産物のコーナーもある。トレッキングや天候などについて質問があれば、パークレンジャーが丁寧に答えてくれる。

日本ではこうしたアメリカのやり方を手本にして１９３１年に「国立公園法」が制定され、１９３４年に瀬戸内海、雲仙、霧島の３つが日本初の国立公園に指定された。現在は34カ所まで広がっている。

海外では国立公園のほとんどが国有地になっているが、先に述べたように日本の国立公園は公園内に農地や集落、ホテルなどの私有地が含まれることが多い。したがって日本の場合は、知床や釧路湿原のように雄大な手つかずの大自然を楽しめるところから、富士箱根伊豆や伊勢志摩のように自然と人の暮らしが「共生」するところまで、様子がずいぶん異なる。そのため日本では、制限の少ない普通地域から許可・禁止事項の多い特別保護地区まで保護区を４つに分け、管理・保護を行っている。

日本は国土が狭く人口密度が高いこと、国立公園の発足がアメリカより半世紀以上遅れたことなど、特殊な事情があるにしろ、アメリカの国立公園から学ぶことは多い。特にパークレンジャーシステムや自然保護については、もっと充実させる必要がある。

（２００８年８月１～８日）

## 7　ODAを通じた他国との交流　◎タンザニア／モルディブ

海外を歩いていると、日本のODA（政府開発援助）の援助で造られた道路や橋などを見かけることがある。ODAとは、「開発途上国の経済や社会の発展、国民の福祉向上や民生の安定に協力するために行われる政府または政府の実施機関が提供する資金や技術協力のこと」（国土交通省）だ。2018年には1兆5千億円がつぎ込まれ、世界第4位の実績をもつ。

その事業は道路・橋・鉄道などのインフラ整備や医療、教育、文化など多岐にわたり、開発途上国の発展に貢献してきた。しかしその一方で日本の大企業の発注比率が高いことや、利権政治家の暗躍が指摘されてきた。最近では建設事業の一部がミャンマー国軍関連企業に発注されていることが発覚し、ミャンマー国民の不信を買っている。

アフリカのサファリを体験するため、タンザニアにある世界遺産ンゴロンゴロ自然保護区に向かったときだった。キリマンジャロ山にほど近いアルーシャの町から車線表示のない舗装道を進み、マクユニ村でB144号線に入ると道路事情が一変。白線でしっかり2車線に区分され、両側に自転車用のレーンまであるゆったりとした道路になった。まるで

日本のＯＤＡ事業として改修された道路。行き交う車はほとんど見られない。

日本の新しい道路を走っているようだ。この道の先にはンゴロンゴロやセレンゲティ国立公園があり、サファリを目指す観光バスがよく利用する道路だが、行き交う車はほとんどない。たまにマサイ族の人たちが道路際を自転車で走っていたり、歩いたりしている程度だ。

車の運転手Ｍさんに尋ねると、日本のＯＤＡの事業として、マクユニ村からンゴロンゴロまでの区間で、ＪＩＣＡ（国際協力機構）が中心になって改修工事を行ったという。確かに快適に走れるが、ここにこんな立派な道路は要らない。工事の際には地元の人たちに仕事を提供できたと思われるが、資金の一部を貧しい人たちの生活支援など、別の事業に回せなかったのだろうか。



第３章

モルディブをインド洋大津波から守った防波堤。景観への配慮も欲しかった。

インド洋大津波の影響を調べるため、インド洋に浮かぶ美しいサンゴの島モルディブを訪ねたときは別の事業を目にした。

首都のあるマレは、海抜が１・５ｍほどしかなく、平らな地形をしている。そのため高潮や津波の被害を受けやすく、２００４年の大津波のときは波高約２・４ｍの津波が押し寄せ、島の３分の２が浸水したという。しかし当時10万人が暮らしていたにもかかわらず、犠牲者はゼロ。他の周辺国のような深刻な被害はなかった。

その理由をＪＩＣＡのホームページで調べると、日本のＯＤＡの援助で同島の周囲に１９８７年から15年にわたって75億円をかけて建設してきた護岸（防波堤）が、押し寄せる波の「壁」となって働き島を守った、とされていた。

モルディブのメディアもこのことを取り上

げ、「日本のおかげで助かった」「日本が造ってくれたあの壁がなかったら今ごろマレはない」などなど、住人の感謝の声を伝えている。実際に私も地元の人たちから同じような話を聞いた。

しかし、平時に島を訪れると、残念ながら写真のようにテトラポッドは美しいサンゴの海の景観を損ねているようにも感じる。もう少し景観に配慮した工法はなかったのかとも思う。マレの人たちも同じ思いではないだろうか。

そんな経緯もあって、2011年の東日本大震災のときには、モルディブの政府や市民から早速、特産品のツナ缶約60万個と義援金が送られてきた。こうして日本とモルディブがODAの事業を通して友好関係を築いてきたことは注目される。

ちなみにモルディブはカツオやマグロの一本釣り漁が盛んで、その一部は冷凍や缶詰として日本にも輸出されている。また街中で日本製の中古トラックが日本語の会社名や電話番号を残したまま走っているのを見かけると、両国の親密さを感じると同時に愉快で嬉しい気分になってしまう。

（2008年12月26日／7年12月25日）

## 8 「どこが一番良かった?」と聞かれたら……◎日本

ときどき「どこが一番良かったですか? お勧めはどこですか」と聞かれることがある。とっさには雄大なグランドキャニオンやヨセミテなどアメリカの国立公園、白い氷河を抱く峰々とその麓に広がる緑の牧草地が美しいスイス、アンデスの山奥にひっそりと佇む謎のマチュピチュ、ゾウやライオンなどたくさんの野生動物が暮らす東アフリカの国立公園などが思い浮かぶ。しかし、それぞれに違った良さがあり、これといって1つに絞ることは難しい。

あれこれいっても結局、日本が一番だと思うことがある。狭い国土であるにもかかわらず、自然の多様性に溢れ、変化に富んでいるからだ。海外から訪れる大勢の観光客もこのまれに見る多様性に魅力を感じるのだろう。それにはいくつか理由がある。

まず日本が中緯度地方にあり、周囲を海で囲まれた島国であることだ。その結果、四季(梅雨を含めると五季)の変化が生じ、新緑から始まって紅葉、落葉まで植物が1年を通して大きく変化し雪も降る。四季折々、景色ががらっと変わる。

毎年訪れるタイでは、低緯度の熱帯地方にあるため乾期と雨期の2つのシーズンしかな

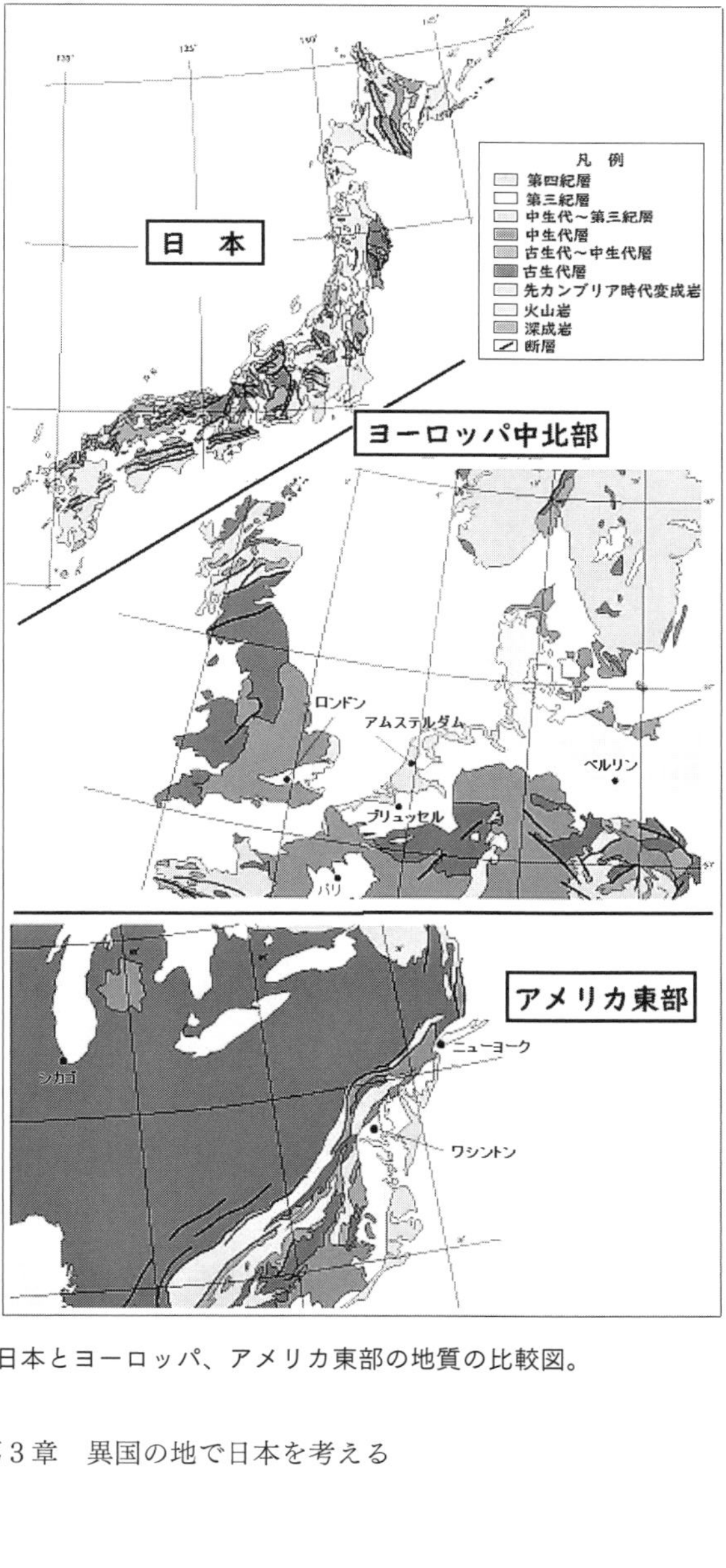


日本とヨーロッパ、アメリカ東部の地質の比較図。

い。こういうところでは毎日同じような天気が続き、日本のように天気予報を気にする必要もない。それはそれで暮らしやすい面もあるが、季節の移ろいに乏しく物足りなくも感じる。

そして日本の地質の多様性、地質構造の複雑さがある。前ページの図は、日本とヨーロッパ、アメリカ東部の地質を同じスケールと分類基準で比較したものだ。この図を見ると、日本がいかに複雑な地質、地質構造をしているかがわかる。まるでモザイク画のようだ。この地質の多様性が地形や植生などに大きな影響を与え、日本の風景の多様性を生んでいる。たとえば、花こう岩が広く分布する地域では、栄養が少なくても育つマツがよく見られ、白砂青松と呼ばれる風景やなだらかな山容が発達する。また石灰岩は硬くて土壌が形成されにくいため、急峻な地形となり森ができにくい。中古生層地域では落葉広葉樹林が発達し竹林が多いなど、明らかに地質の違いが植生や風景に反映されている。

加えて火山の存在も大きい。富士山に代表されるように、火山は独特の美しい景観を生み出し、温泉や豊かな土壌を形成するなど、その恵みも大きい。また噴火や溶岩、火山灰などの堆積物は地形を大きく変えることもある。

こうした地質の多様性の背景には、複雑な列島の成り立ちと変動帯と呼ばれる地質環境がある。

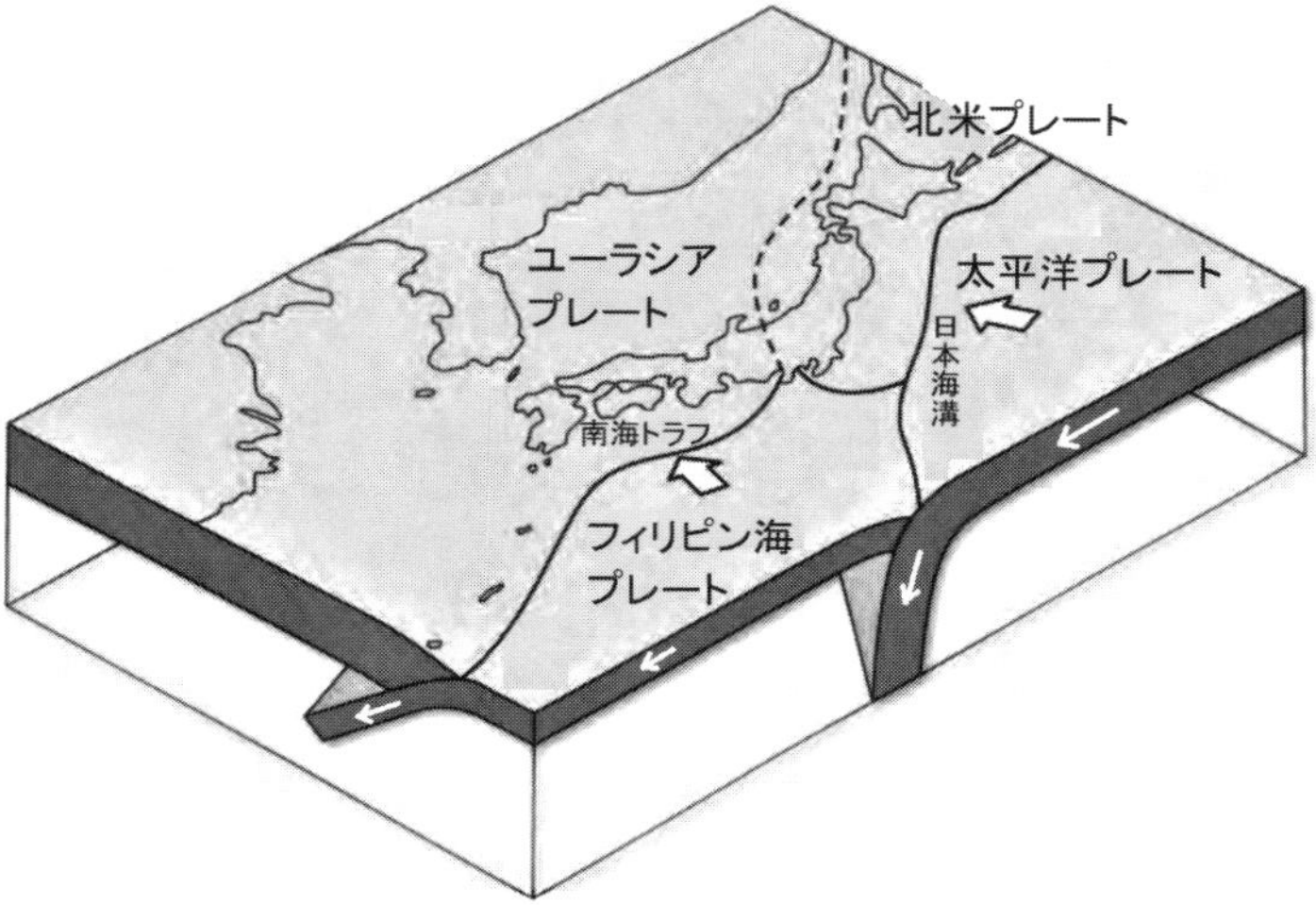


4つのプレートがひしめき合う日本列島。

日本列島は太古の昔、プレートによって運ばれてきた堆積物や岩石が次々と付け加わって成長を続ける大陸の縁にあった。ところが最近になって、といっても2000万年前だが、観音開きのように回転しながらユーラシア大陸から分離し、現在のような島弧を形成するようになった。さらに伊豆半島や北海道の東半分が日本列島に衝突して付け加わり、日本列島の地質構造をさらに複雑なものにしたのだ。

　そして世界でもまれな4つのプレートの衝突がある。日本には北アルプスや四国山地などたくさんの山脈があり、急峻な地形を形成している。これには4つのプレートが大きく関わっている。具体的には北米プレートの上にある北海道から東日本にかけては、東から押し寄せる太平洋プレートが衝突。またユーラシアプレートの上にある西日本から南西諸島にかけては、南からフィリピン海プレートが押し寄せ衝突している。こうしたプレートによる力が日本の山脈を造る原動力となっているのだ。

一方のヨーロッパや北アメリカでは一部を除き、生い立ちが比較的単純で地震や火山の少ない安定大陸を形成している。これらの国々を旅していると、同じような風景がどこまでも続き、退屈することがある。そのわけは楯状地《たてじょうち》と呼ばれる単純な地質にある。

日本にずっと住んでいるとなかなか気づきにくいが、海外から日本を見ると、地球上でもまれなほど自然の多様性に富んだ国であることがわかる。旬のものを多く取り入れた和食やわびさびの茶文化、季語を含む俳句など、外国人が注目する日本独特の文化も日本の自然の多様性に根ざしている。

「どこが一番良かったですか」と聞かれたら、「日本です」と答えてもまんざら的外れではないと思う。

# 第4章

# 一人旅のコツ

## 1　パックツアーより一人旅がお勧め　◎ニュージーランド

私が最初に海外に出かけたのは１９８１年だった。ある研究会が主催し、カナダやアメリカの大自然を２週間ほどかけて見て回った。

２回目は、ほぼ20年後の２０００年の12月。この前の年に台湾で発生したマグニチュード７・６の大地震の後、地表に出現した断層を同じ研究会の仲間と調査に出かけた。とりわけ川を横切るように新たに出現した段差約５ｍもの滝は衝撃的だった。地球がもつ計り知れないエネルギーを実感させられる旅だった。また、寒い日本とは異なる暖かい台湾の気候風土や、どこかのんびりとした人々の暮らしぶりも深く心に残った。ところ変われば品変わる、日本とは違う別の世界がある。平凡な日々を過ごしてきた50歳目前の私にはとても新鮮な旅だった。

この台湾の海外巡検は自然を対象にした「地球ウォッチング」の旅のきっかけとなった。子育てから解放されつつあったことも追い風だった。

しかし語学力も経験も度胸も乏しい私がいきなり一人旅というわけにもいかない。最初は旅行代理店が主催する団体ツアーに参加するしかなかった。

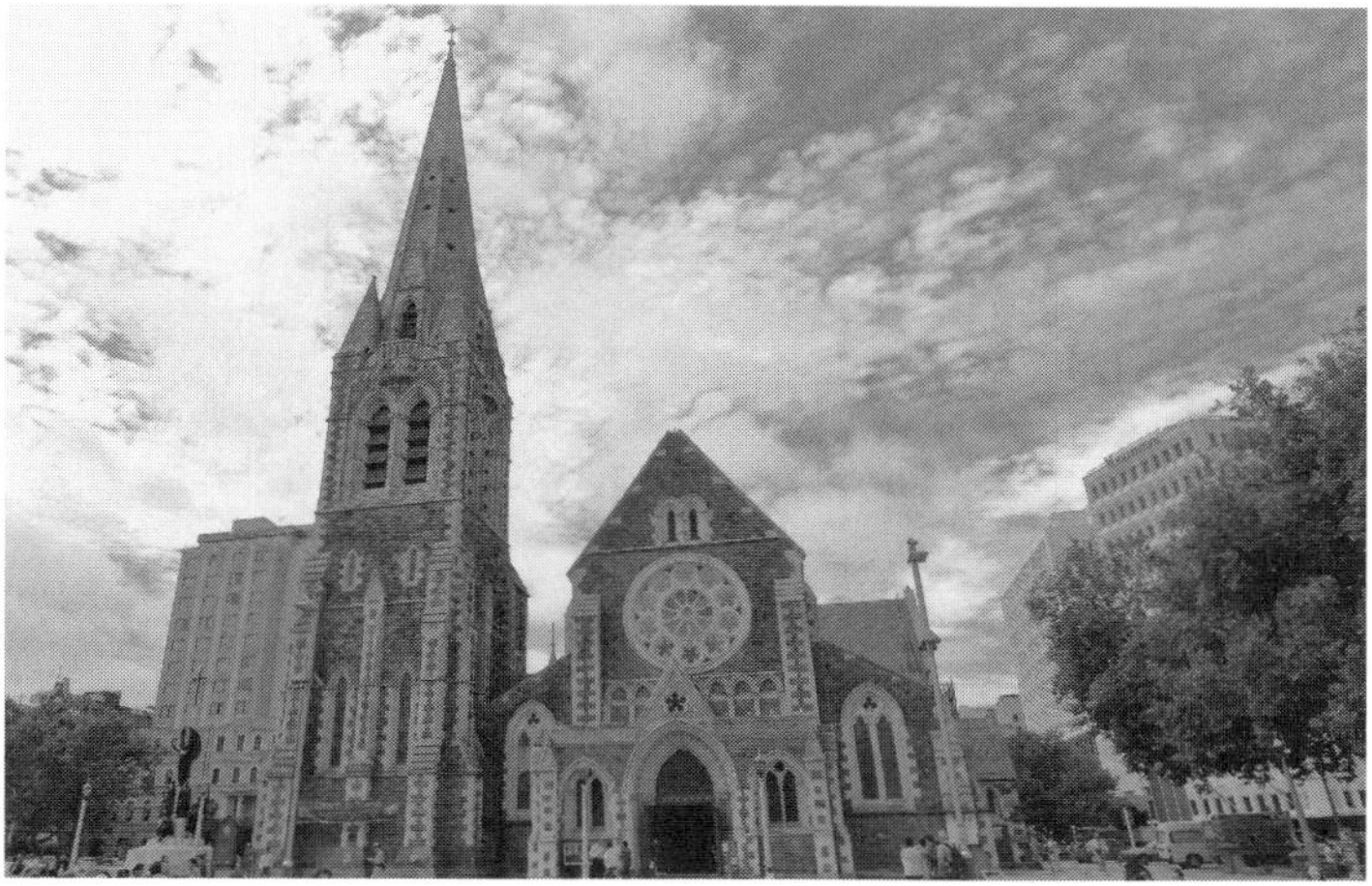

クライストチャーチ大聖堂とミレニアムホテル（右端の白い建物）。

そして出かけたのがニュージーランド。航空券やホテル、バスなどの移動手段は代理店が手配し、行く先々で現地ガイドがアシストしてくれるが、行動は自由という「フリープランタイプ」だった。旅行期間中は時々メンバーが変わるものの、ホテルや移動バスは基本的に9人が一緒に行動するというスタイルだ。

ニュージーランド北島のオークランドで国内線に乗り換え、南島のクライストチャーチの空港で初めてツアー客との顔合わせとなった。参加者は男性5人、女性4人の合計9名で、若い人が多かった。

しばらくしてわかってきたことは、私以外の人たちはみな新婚カップルらしいということだった。50歳を超えたおじさんは私一人。まったくの予想外だったが、今さら「こんなツアーはご免だ！」とはならず、居心地の悪さに耐えるほかなかった。そういえばこのツアーは少し割高で、ホテルも4～5つ星クラスだった。初日に宿泊した「ミレニアムホテル」はクライストチャーチ大聖堂のすぐ隣にあり、当時の米大統領クリントン氏も宿泊したという（この大聖堂は2011年の直下型地震で崩壊し、尖塔の建物はなくなった）。どうりで新婚カップルが多いはずだ。

ただ彼らと一緒になるのは、ホテルのチェックインとチェックアウト、移動バスくらいで、それ以外はそれぞれがオプショナルツアーに参加するなど別行動だったのがせめてもの救いだった。

この旅行で自分一人のフリーな行動時間が持てたことは、後の一人旅につながる貴重な経験となった。治安に問題さえなければ、最初は不安だった一人歩きもしだいに慣れてくることがわかった。日本国内の知らない場所を歩くのとさほど変わらない。そして行動範囲を広げるためにはコミュニケーション能力、つまり英語力が必要だということも実感した。

結果的にこの体験は、メンバーにお互い気をつかう団体ツアーより、自分一人で気の向くまま自由に旅ができる個人旅行の方がずっと楽しいと思わせてくれた。

（2001年12月22～30）

## 2　コミュニケーションにはやっぱり英語が必須

外国語なんて話せなくても一人旅はできる。度胸と注意深さがあればなんとかなるといわれる。実際にそういう人に出会ったこともあり、その通りだと思う。何か問題が起きても身振り手振りでかなりのことが相手に伝わる。知っている単語を並べればちょっとしたコミュニケーションもできる。人の動きやその場の状況を注意深く観察すれば解決の糸口が見つかることも多い。

しかしやはり英語だと思う。トラブルへの対応力・語学力の有無にかかっている。たとえ英語圏以外の国であっても空港や大きな駅、ホテルなどではたいてい英語が通じる。英語は世界共通言語になっている。

海外旅行でよくあるハプニングは飛行機のトラブルだ。フライトが突然キャンセルになる、乗り継ぎ便に間に合わない、機体や天候などのトラブルで空港が変更になる、などはそう珍しいことではない。そんなときは航空会社の窓口でキャンセルや代替便の手配などをしなければならない。場合によっては宿泊ホテルを提供してもらうことになる。ほとんどの場合、窓口での交渉は現地語か英語だ。

第4章

ケガや病気もある。ギリシャで野良犬に咬まれたことは第1章に記した。たどり着いた病院の受付で言葉が通じず困っていたら、たまたま居合わせた英語の教師が別の病院に案内してくれた。ドクターとは英語が通じたので狂犬病のワクチンを接種できた。

北京のホテルにサブザックを置き忘れたときも、空港のインフォメーションを通したやり取りで無事取り戻せた。

そして旅先で出会った人たちとの交流。飛行機やバス、レストランなどで見知らぬ人と言葉を交わす機会はけっこう多い。国や地域によっては日本人の一人旅は珍しいのか、いろいろ尋ねてくる人や自分のことを話し始める人がいる。話が弾むと持ち合わせのお菓子や果物を勧めてくれたり、見どころを紹介してくれたり何かと楽しい。旅の面白さはこんなところにもあり、日本に興味を持ってもらう良い機会にもなる。やはり英語だと思う。

私が英語、特に英会話の大切さに気づき勉強を始めたころは、基本的なフレーズを組み合わせる程度のことしかできなかった。特にヒヤリングが難しかった。同じ英語でも国や地域によってずいぶん違っている。

印象深かったのはインドだ。独特の発音とイントネーションは、最初、これは英語だろうかと感じるほどだった。妙な英単語が並んでいるようにしか思えなかった。でも何日間か過ごすと少しずつ耳が慣れてきて聞き取れる幅が広がり、曖昧音や単語の連結の多いアメリカ英語より聞き取りやすくなるかもと思えるようになった。

オーストラリアでは最初、卵の「エッグ」が聞き取れなかった。私には「アッグ」のように聞こえ、意味がわからず何度も聞き返しているうちに「egg」だとわかり恥ずかしい思いをした。また「トゥデイ」（今日）は「トゥダイ」と聞こえるなどオーストラリア独特の発音がある。

最初のころはアメリカ英語の発音をできるだけ真似るように勉強していたが、世界にはいろんな発音の英語があることがわかってくると、たとえ日本式（？）の発音で相手にはわかりにくくても話の中身や正確さの方が大事だと思うようになった。とにかくどんどん話すこと、そして正確な聞き取りを心がけることだ。そして諦めずに続けること、継続は力なりだ。

## 3　旅の組み立て

一人旅では飛行機、鉄道、バスなどの乗り物やホテルなど、旅のパーツは一から自分で組み立てなければならない。国によってはビザの取得が必要になる。時間がかかる面倒な作業だが、いろいろ調べながら想像を巡らすのも旅の面白さの一つでけっこう楽しい。旅行代理店の中には個人旅行を請け負い、旅のパーツを手配してくれるところもあるが、私は基本インターネットで手配することにしている。以下は私のやり方だ。

①行き先の情報を集める

網羅的な情報を調べるのに便利なガイドブックが『地球の歩き方』（学研）だ。国別、エリア別に出版されており、順次改定版が出されるので情報は正確で信頼性が高い。個人旅行者には必携のガイドブックといって良い。

まずはこの本で治安や物価、交通事情、気候などの基本情報をチェックし、大枠の日程を組み立てる。その際、移動が多い長期の旅行や体力が必要なトレッキングをする場合は、ある程度休息できる予備日のような日を挟んでおくと無難だ。目的地の情報は各国の政府観光局のパンフレットやホームページでも得られる。

日程の大枠が決まれば、次ページの日程表のように日ごとに飛行機や鉄道、バスなどの乗り物、現地ツアー、宿泊施設など具体的な旅のパーツを手配し表を埋めていく。

# カナダ世界自然遺産巡り 日程表（例）

2019 年 07 月　※日の出 5:20 ／日の入 21:30　　2019.07.01

| | |
|---|---|
| ① 2 日<br>（火） | ※ 西天 05:01 →淡路→ 05:56 天下茶屋 06:06 → 06:48 関空　※ 2.7 万円<br>関空 9:00 →（CA162）→ 11:20 北京（T3）15:25 →（CA991）→ 10:50Vancouver（TM）14:00 →<br>(3h20m)　(4h05m)　(10h25m)　(3h)　(4h24m)<br>→(AC186)→21:24 Toronto【Comfort Inn Tro.Airp 1.3万円; TEL: (905)677-7331 FAX:-1752】C7/2 |
| ② 3 日<br>（水） | Toronto 09:00→(WS518)→13:07 Deer Lake→(70km,taxi,90$)→15:00 Rocky Harbor　※2.8万円<br>❶ Gros Morne 国立公園①【マントル／オルドビス紀層】　Visiter Center 8:00 ～ 20:00<br>※ Pittman's Taxi(709)458-2486　C6/19【Stay in Gros Morne 1.4万円; TEL: (709)638-2197 FAX: 】 |
| ③ 4 日<br>（木） | ❶ Gros Morne 国立公園②　※ Mantle Guided Walk 10:00～12:00／Discovery Center 9:00～18:00<br>Tablelands Guided Hike（Gros Morne Adventures、150$ ／ 1.2 万円）<br>C6/19【Stay in Gros Morne 1.4 万円 ; TEL:（709）638-2197 FAX: 】 |
| ④ 5 日<br>（金） | ❶ Gros Morne 国立公園③　※ Private Tour 400$<br>※ Green Point Walk 10:30 ～ 11:30<br>C6/19【Stay in Gros Morne 1.4 万円 ; TEL:（709）638-2197 FAX: 】 |
| ⑤ 6 日<br>（土） | ❶ Gros Morne 国立公園④　※ 2.0 万円<br>Deer Lake 13:15 →(AC7792)→14:25 St.John's　※Johnsonジオセンター9:30～17:00<br>C7/05【Hometel On Signal Hill 1.5 万円 ; TEL:（709）739-7799 FAX:- - 7796 】 |
| ⑥ 7 日<br>（日） | St. Johns →(140km、2h)→❷ Mistaken Poin【エディアカラ動物群】→(140km、2h)→ St. Johns<br>C7/05【Hometel On Signal Hill 1.5 万円 ; TEL:（709）739-7799 FAX:- - 7796 】 |
| ⑦ 8 日<br>（月）<br>▲ | St.John's 10:25 →(AC8993)→ 11:56 Halifax 12:50 →(AC7760)→ 13:32 Moncton　※ 2.8 万円<br>(2h01m)　(54m)　(42m)<br>C7/07【Midtown Motel & Suites 1.3 万円 ; TEL:（506）388-5000 FAX:383-4640 】 |
| ⑧ 9 日<br>（火） | Moncton9:15 →（Maritime Bus）→ 10:10Amherst →（taxi / 34km 30 分）→　※ 19:05 ／ 20:00<br>→❸Joggins Fossil Cliff【石炭紀／最古のハ虫類】ツアー →(taxi)→Amherst15:15→16:15Moncton<br>※ tour12:30～14:30／30分有【Midtown Motel & Suites 1.3万円; TEL: (506)388-5000 FAX:383-4640】 |
| ⑨ 10 日<br>（水）<br>▲ | Moncton 13:55 →（Maritime Bus）→ 18:40 Campbellton　※ 4500 円<br>(4h45m)　※車の手配<br>C7/08【Super 8 By Wyndham Campbellton Nb 1.1 万円 ; TEL:（506）753-8080 FAX:- 】 |
| ⑩ 11 日<br>（木） | Campbellton →（38km）→❹ Miguasha 国立公園【デボン紀魚類／ユーステノプテロン】<br>→（38km）→ Campbelton<br>C7/08【Super 8 By Wyndham Campbellton Nb 1.1 万円 ; TEL:（506）753-8080 FAX:- 】 |
| ⑪ 12 日<br>（金） | Campbellton7:00 →（Maritime Bus：4h10m）→ 11:10Moncton 空港 13:50 →（AC8851、1h39m）<br>→ 14:29 Ottawa16:35 →（AC353;4h20m）→ 18:55Calgary　※ 3.5 万円<br>(2h06m)　C7/12【Acclaim Hotel Calgary Airport 1.6万円; TEL: (403)291-8000 FAX:】 |
| ⑫ 13 日<br>（土） | Calgary→(140km 1.5h)→Badland❺Dinosaur 州立公園【白亜紀恐竜／K-T境界層】→Calgary<br>※ Hammerhead Scenic Tours　Dinosaur 州立公園<br>Royal Tyrrell Museum 9:00～21:00　C7/11【Badlands Motel 1.0万円; TEL: (403)823-5155 FAX:-7653】 |
| ⑬ 14 日<br>（日） | Calgary→ ❺ Dinosaur 州立公園【白亜紀恐竜／ K-T 境界層】→ Calgary　※ 220km 2.5h ／ツアー<br>※ Hammerhead Scenic Tours　Calgary20:40 →（AC229）→ 21:07Vancouver →<br>(1h27m)　※ 2.9 万円 |
| ⑭ 15 日<br>（月） | → 21:07 Vancouver（TM）02:30 →（CA998）→　【機内泊】<br>(5h23m)　(10h30m) |
| ⑮ 16 日<br>（火） | → 04:00 北京（TM）→（CA ホテル）→北京 16:25 →（CA161）→ 20:30 関空<br>(12h25m)　(3h05m) |

※ カナダへの電話　0033 ＋ 010 ＋ 1 ＋市外局番＋ ･･･　　※日本との時差：11.5 ～ 12h
※ PC メールアドレス　************************
※ CA 航空券 9.0 万円＋カナダ国内航空券 6 区間 16.7 万円
※ ホテル代　1.2 万×12 泊＝16 万円
※ ツアー代　5 万円
※ 食費・雑費　5 万円　　合計 50 万円

## ②フライトを予約する

リーズナブルで条件の良い国際線は早い時期に予約が埋まっていくことが多いので、数カ月前には予約を入れる。かつては格安航空券を取り扱う旅行代理店を通した方が安く手に入ったが、最近は航空会社のホームページで購入できる正規割引航空券とほとんど変わらず、座席の指定も合わせてできるのでこちらを利用している。

その際、まず初めにスカイスキャナーやエアトリ（旧スカイゲート）などの価格比較サイトで航空会社ごとの価格やキャンセル、変更などの条件をチェックし、2、3社に絞っておく。その上で航空会社のホームページで詳細を確認し予約すると安心だ。

## ③現地の乗り物を予約する

目的地で国内線を利用する場合も、フライトの時間や本数が日程に影響することがあるので早めに予約を入れておく。国際線と同じように航空会社のホームページで購入できる。バスや電車のチケットは、現地で当日購入することもあるが、スケジュールがはっきりしている場合や人気の観光地、本数が少ない場合などはホームページで早めに座席を予約する。運行する会社や連絡先・アドレスなどたいていは『地球の歩き方』に載っている。

④ホテルの予約

ホテルを選ぶ際に迷うのは値段と場所だ。海外のホテルは日本のような1人当たりの価格設定ではなく、部屋単位で値段が決まる。2人で旅行する場合は、1人半額の負担で済むが、一人旅の場合は2人分の負担を強いられるようなものだ。私は基本的に3つ星から2つ星程度の安いホテルを選んで節約し、旅の最終日や中日あたりで少し上のランクのホテルでリラックスするようにしている。

場所については単なる経由地の場合、移動時間の節約を優先して空港や鉄道の駅、バスターミナルなどに近いホテルを選ぶ。特に深夜着や早朝発の場合、場所の選択は安全上も大切だ。ホテルの予約サイトでは、地図上にホテルがたくさん表示されるので、条件に合うホテルを選ぶことができる。

第4章

⑤日程表を完成させる

こうして旅のパーツが揃うと169ページのような日程表が出来上がる。その際、時間や料金、連絡先の電話・FAX番号なども記入しておくと、旅の具体的なイメージがわいてくるし、旅の費用をあらかじめ見積もることができる。この日程表は縮小して手帳などに貼っておくと、入国カードの記入やスケジュールの確認の際に便利だ。

## 4 マイレージを利用して座席をアップグレード

目的地が北米やヨーロッパ、ましてや南米ともなると長時間のフライトが辛い。若いときはともかく、歳を重ねるにつれ狭いエコノミークラスの座席が苦痛になってくる。

そんなとき座席をフラットに倒して休めるビジネスクラスはありがたい。目的地に到着したときの身体の疲れ具合がずいぶん違う。しかもビジネスクラスには様々なサービスが含まれておりけっこうリッチな気分が味わえる。

たとえば、空港でチェックインするとき、専用のカウンターで優先的に手続きができるので長い列に並ぶ必要がない。また搭乗前に航空会社のラウンジでゆったりとした気分でフリーの軽食や飲み物、お酒を楽しむ時間が持てる。乗り継ぎなどで長い待ち時間がある場合は特にありがたい。搭乗時には専用レーンから乗り込むことができるのでスムーズにことが運ぶ。機内食はエコノミークラスのようにトレーに一括して盛られたものではなく、ちゃんとしたお皿に料理ごとに盛られた本格的なコース料理が出てくる。飲み物やお酒の種類も多い。目的地に到着して荷物をピックアップするときも優先的に出てくるので時間のロスが少ない。このようなサービスを考えると、高いビジネスクラスのコストパフォーマンスは決して悪くない。

しかし経済的な事情でエコノミークラスの2～3倍も高い料金を支払って毎回乗るわけにもいかない。

そこでお得なのがマイレージサービスだ。私は長距離飛行の際にビジネスクラスが利用できるようにマイルを貯め、このマイルを使って座席をエコノミークラスからビジネスクラスへアップグレードしている。この方法で4、5回ビジネスクラスが利用できたから利用価値は大きい。若干の追加料金は必要になるが絶対お得だ。ビジネスクラスが不要な場合は、無料のエコノミークラスの特典航空券に換えることもできる。

行き先にもよるがマイレージを利用するには万単位のマイルが必要だ。そこでいかにして効率的にマイルを貯めるかだが、まずよく利用する航空会社のマイレージバンクに入会

第4章

しアカウント（カード）を作る。後はできるだけそのアカウントに獲得マイルを集中させることだ。またポイントをそのマイレージバンクに移行できるクレジットカードを使うと、買い物の度にマイルが貯まっていく。

世界の航空会社の大半は、スターアライアンス、ワンワールド、スカイチームという名の3つのアライアンス（航空連合）のどれかに属し、同じアライアンスの航空会社同士で共同運航便（コードシェア便）を飛ばしたり、マイレージの相互乗り入れなどの業務提携を行っている。ちなみに全日空（ANA）はスターアライアンス、日本航空（JAL）はワンワールド、といった具合だ。

航空券を購入する際には、マイレージの相互乗り入れ制度を使って獲得マイルを各アライアンス内の1社に集中させると効率よくマイルが貯まる。私はスターアライアンスのユナイテッド航空、スカイチームの大韓航空、ワンワールドの日本航空のアカウントを作り、これら3つの航空会社でマイルを貯めるようにしている。同じ路線に複数のアライアンスが乗り入れている場合、各アライアンス間の優先順位を決めておくと、さらにマイルを貯めやすくなる。

マイルを貯めるメリットは他にもある。たくさんマイルが貯まり会員のステータスがシルバーやゴールド（航空会社によって名前は異なる）に上がると、エコノミークラスの航空券を購入したとしても、ビジネスクラスと同じように専用のチェックインカウンターやラウンジの利用ができるようになる。また獲得マイルの加算率が上がり、よりマイルを貯めやすくなる場合もある。

このように飛行機をよく利用する場合や長距離飛行が多い場合などは、マイレージの利用は欠かせない。

## 5 トラブルはつきものと心得るべし

念入りに準備をしたつもりでも、やはり予期せぬトラブルは起こる。団体ツアーでは経験のある添乗員が処理してくれるが、一人旅の場合はすべて自分で解決しなければいけない。具体的な例は第1章の「ハプニング」で紹介した。

ケガや病気以外はたいていなんとか自力で解決できるものだ。トラブルの最中は焦ったり不安になったり、ときにパニック状態になることもある。しかし、一人旅にトラブルはつきもの、あらかじめこれも旅の一部として受け止める心構えがあれば、意外と冷静に対応できたりするものだ。

旅先でどんなことがよく起きるか、どう対処すれば良いか、などについて外務省の「海

第4章

外安全ホームページ」や『地球の歩き方』などに具体的な事例が紹介されている。こういう記事を事前にチェックしておくとトラブルの回避や解決に役立つ。特に発展途上国や治安の良くない国・地域に出かけるときは事前に必ずチェックするようにしている。場合によっては行き先を変更したり、一人歩きから比較的安全なグループツアーに切り替えたりすることもある。

またいざというときの連絡先、たとえば日本大使館やツーリストポリスなどもチェックしてメモしておくと安心だ。日本大使館は滞在中の邦人の安全をサポートすることが一つの目的なので頼りになるし、日本語で相談もできる。

海外保険をかけている場合は現地事務所のスタッフが相談にのってくれるし、旅のパーツの一部を旅行代理店に依頼した場合でも現地に支店があれば支援が受けられる。私はトラブルのリスクの高い国・地域に出かけるときは、現地支店の有無を確認した上でホテルや現地ツアーの手配など旅のパーツの一部あるいは大半を旅行代理店に依頼するようにしている。

かといって絶えずトラブルのことを心配していたのでは旅は面白くない。中身にもよるが、ちょっとしたトラブルは旅の醍醐味として楽しむくらいの心の余裕が出てくれば自信もつき一人旅はより楽しくなる。要は経験の積み重ねだ。

## 6　荷物は機内持ち込みができる大きさで

一人旅のメリットの一つは空港手続きの時間が団体旅行に比べて短く済むことだ。待ち時間の長いイミグレーションや預け入れ荷物の受け取りなどにけっこう時間を取られるが、荷物の処理は大幅な時間の短縮が可能だ。つまりチェックインカウンターでの預け入れ荷物をなくし、すべて機内に持ち込めば荷物の受取所（バゲージクレーム）に立ち寄らずに直接到着ロビーに向かうことができる。

そのためにはキャリーバッグを機内持ち込み許容限度内の大きさのものにすることだ。たいていは、バッグの三辺の合計が１１５㎝（55×40×25㎝）、重さ10kg以内だ。これだと機内の荷物棚にすっぽりと収まる。

小さなバッグにするメリットは他にもある。移動が多い場合は運びやすくて負担が減るし、ホテルで荷物をパッキングする際にも荷物が少ない分手間が少なくて済む。逆に荷物が多いとパッキングに時間がかかりちょっとしたストレスにもなる。また機内で何か急に必要になったときも荷物棚からすぐに取り出せるので安心だ。

第4章

## 7　旅行保険はカード付帯の保険で

海外旅行に保険は必須だ。もしアメリカで虫垂炎にかかって手術を受けたとすると、保険に入っていなければ1泊の入院で500万〜600万円かかるという。信じられない金額だが、これが現実だ。もちろん、もっと安い国もあるし、ほとんど無料の国もある。帰国後、国民健康保険に請求すれば、日本国内の保険医療機関などで給付される金額から一部負担金を控除した金額を受け取ることができるが、医療制度の違いや様々な制約があって十分とはいえない。

そこで海外旅行保険となるが、私は最初のころは旅行に出るたびに保険会社の保険をかけていた。すべて掛け捨てで旅行先や旅行日数、補償額などによって支払額が変わってくる。実際に保険を利用したのはギリシャで犬に咬まれたときとタイのチェンマイで肘の腱の炎症（テニスエルボー）になったときの2回だけだ。ほとんど利用する機会がなかったといっても良い。それはそれで良いことなのだが、毎回、数千円の掛け捨ては気になるところだ。

そんなわけで最近はクレジットカードに付帯する保険を利用するようにしている。すべてのカードに付帯しているわけではないが、年会費を支払うカードには付帯していることが多い。

カードを利用する際にはいろんなタイプがあるので保障内容や利用条件をしっかり確認しておく必要がある。特に注意すべきことは、保険を有効にするために旅行に関連する飛行機やツアーなど旅行のパーツの一部の代金を当該クレジットカードで支払っておく必要があることだ。また一方でクレジットカードを持っているだけで自動的に付帯される保険もある。

私はチェンマイで2回利用したが、スムーズにことが運び、いずれも支払額ゼロで治療を受けることができた。ただし、どの病院でも簡単に利用できるとは限らないので、帰国後の治療費請求のために現地でどういう書類を書いてもらえば良いかあらかじめ確認しておいた方が良い。また現地あるいはその周辺国にあるクレジットカード保険事務所の電話番号をメモしておくと、いざというときに慌てなくて済む。さらに電話を通していろいろ相談できたり適格な助言がもらえたりもする。

## 8　長時間のフライトでは通路側の座席で

機上から見る風景は楽しい。特に白い氷河を抱くヒマラヤやアルプス、アンデスなどの山脈を越えるときには、その雄大さと美しさに心を奪われる。またよく知った街や場所を眺めるのも面白い。

私は海外旅行を始めたころは意識的に窓側席を選んでいた。ところが歳を重ねるにつれ窓側席が苦痛に感じられるようになってきた。十分な身動きが取れない上に、トイレなどの用を足すときには隣の人に断って行かなければならない。2人席の場合は比較的簡単だが、3人席の場合はけっこう面倒だ。かといってじっと辛抱していると、エコノミークラス症候群のリスクも高まる。

一方、通路側の座席の場合は、外の景色は見づらくなるが、いつでもトイレに立てるし、頭上の荷物棚から必要な物を取り出すのも簡単だ。また、横3ブロックの座席配置の場合、ときどき真ん中のブロックに空席が3、4席並んでいることがあり、通路側席からは状況がよくわかる。ちょっとずるいと思われるかもしれないが、飛行機のドアが閉まると同時にその空席にさっと移動すれば大きなスペースが確保できる。肘掛けをはずせば、ほぼ横になって休めるのでそのメリットは大きい。

窓側席を選ぶか、通路側席を選ぶか、悩ましい選択だが、私は飛行時間3時間を目処に、それ以内の場合は窓側席、それをはるかに超える場合は通路側席を選ぶようにしている。そして、できるだけ前の方の座席を選択する。後方の座席はジェットエンジンの騒音が大きく耳障りだが前方の座席は比較的静かに過ごせるからだ。

座席の選択は空港のチェックインの際には思い通りにいかないことも多い。しかし航空会社のホームページで正規割引航空券を予約する場合は座席の選択もできるのであらかじめ指定しておくと安心だ。たいていは選択可能な座席図が表示されるので、図を見ながら選ぶことができる。

## 9　カメラは小型のコンパクトデジカメで

旅行日数にもよるが、私はたいてい旅先で数千枚以上の写真を撮る。主な目的は気に入った風景や地層を記録することだが、時間と場所の記録にもなるのでここぞというところ、ちょっとしたところでもシャッターを押す。枚数が多いと後で見直してもビデオ感覚のように旅の行程を細かく思いだすのに役立つ。

しかしその分データ量が多くなるので携行するノートパソコンへのバックアップは欠かせない。私は記録媒体のＳＤカードが壊れたりカメラを紛失するリスクに備えて容量の大きいカードはなるべく使わないようにしている。だいたい４ＧＢのものを数枚持っていく。これでデータはカードとパソコンの両方に保存されるので安心だ。

よけいな話だがカメラを持っていくのを忘れたことがあった。気づいたのは関西空港へ向かう電車の中。グランドキャニオンが目的地だったので写真が撮れなかったら旅の意味はほとんどない。このときはかなり焦った。家に取りに帰るとアメリカに渡るフライトに間に合わない。

しばらく思案して思いついたのが関空内の店で新しいカメラを調達することだった。幸い当時使っていたカメラと同じものがあった。ただし外国人向けのカメラなので表示はすべて英語。日本語に切り替えることはできなかった。それでも操作は慣れているのでこのカメラで十分だった。カメラ代２万８千円、ＳＤカード７００円のよけいな出費だった。

さていつも持ち歩くカメラだが、私はズーム機能のあるコンパクトカメラを使っている。書籍に載せる写真もあるので、本当は写真の鮮明度や奥行き感が表現できる一眼レフカメラの方が良いのだが、いくつか理由があってコンパクトカメラを選択している。

一番の理由は軽くて文字通りコンパクトなこと。ポケットに入る持ち運びの良さがある。思い立ったらすぐに取り出せて写真が撮れるのが魅力だ。

そして荷物の量の問題。一眼レフではポケットに入らないので首からかけることになりトレッキング中などはけっこう煩わしい。それに交換用の望遠レンズはかなり重くかさばって荷物になる。レンズを交換している間にシャッターチャンスを逃してしまうことだってあり得る。

けっこう重要なのは安全上の問題だ。国や地域によって事情は異なるが、首や肩からかける大きな一眼レフはよく目立つ。私はそこそこお金を持っていますよ、とアピールしていることにもなりかねない。旅行者に目をつける窃盗犯からすれば格好のターゲットだ。団体で旅行している場合はお互いに目が届くので大丈夫かもしれないが、一人旅の場合は特に狙われやすい。その点、ポケットに隠せるコンパクトカメラは安心だ。

最近のコンパクトカメラは機能も充実し、画質も良くなっている。書籍に印刷して一眼レフの写真と比べても遜色はほとんどない。

## 10　海外一人旅の悩みは夕食

一人旅の悩みが夕食だなんて、にわかに理解できないかもしれない。というのも夕食時に欧米のレストランに行くと、一人で食事をしている人はほとんどいないからだ。たいていはカップルかグループでワインを飲みながら会話を楽しんでいる。気にしすぎだといわれるが、一人座っているのは居心地が悪い。日本人ということもあってか周囲から奇異な目で見られているような気がしないでもない。欧米では日本のような「お一人様文化」がないのだ。

それでも一人で食べていると、隣に座った人が気を利かせて（？）話しかけてくれることもある。意外と話が弾んで楽しいこともあるが、そんなことはまれにしかない。

そしてメニューの選択。これがかなりやっかいだ。日本のレストランのような写真付きのメニューは少なく、たいていは短い文章でメニューを説明してあるので一つひとつ読んで理解しないと注文できない。これが疲れた身にはけっこうやっかいな作業なのだ。意味不明な単語が含まれていたりすると電子辞書で調べたりスキップしたりしないといけない。英語以外の説明の場合はお手上げだ。

結局、十分理解できないまま注文するはめになるのだが、ボリュームも含めて実際に出てくるまでどんな料理なのかわからない。たいていはイメージしていたものとは違ってガッカリすることが多い。それにゆっくりと食事とお喋りを楽しみたい人が多いからだろうか、数品注文すると日本の懐石料理のように次の料理が出てくるまでけっこう時間がかかる。さっさと食事を済ませてホテルでゆっくり休みたいせっかちな私には、これがまたイライラの元になる。

その一方で絶対はずせないのが地元産のビールだ。今までいろんな国・地域で相当な種類のビールを味わってきた。数ある中で特に印象に残っているのは、氷山の氷で作ったというカナダ・ニューファンドランド島の「アイスバーグ（氷山）」だ。寿司との相性もよく他にはない味わいだった。そして毎冬に長期滞在するタイのチャンビール。グラスに氷を入れるタイ式の飲み方とあわせてもうすっかり馴染んでしまった。

レストランでは日本にはないチップも煩わしい。請求額の10～20％、最低でも2ドル程度といわれるが、クレジットカードで支払う場合はややこしい。チップの意味を理解していても物価の高い欧米で、割高感のある請求額に加え10～20％のチップを支払うのはどこかスッキリしない。

こうしたことが理由で私はレストランでの煩わしさを避けるため、もし近くにスーパーマーケットやコンビニ、ファストフード店があれば、そこで夕食になりそうなものとビールを購入し、ホテルでゆっくり食べることにしている。特にスーパーでの買い物は地元の人たち好みの品や食材が売られているので何かと興味深い。

外国の食べ物の食べ歩きを旅の楽しみの一つにしている人からすれば、私の旅は味気な

第4章

寿司によく合うビール「アイスバーグ」。カナダ・ニューファンドランド島。

い。日本に帰って「何が美味しかったですか？」と聞かれると、ビールの味以外はほとんど答えられない。せっかくの機会なのに勿体ないと言われることもあるが、旅の目的が世界各地の自然を見て回ることなので、食べ物にはあまり関心が向かない。

とはいえ地方の鉄道駅やバスターミナルなどの売店には地元の人たちが好む駄菓子や飲み物が置かれていることが多いので、おやつとして味試しをすることはある。当たり外れはあるが、食文化が多彩なアジアには美味しく珍しい物が多い。

## 11 旅の費用

何度も海外に出かけていると気になるのは旅

行の費用だ。旅先や期間によって大きく異なるが、1回10万円程度から多いときには60万～70万円になることもある。年に3、4回も出かけると相当な金額になってしまう。問題はこの出費をどう考えるかだ。

本格的に一人歩きを始めたのは子育てが終わって子どもたちが独立し、時間と家計に余裕が出始めたころだった。老後への備えも必要だったが、私には有利な点があった。それは車だ。

私は運転免許証を持っているが、自家用車を買ったことがない。通勤や買い物、旅行などはすべて電車やバス、自転車で済ませてきた。電車の駅に近い都市近郊で暮らしてきたので、車のない生活にさほどの不便は感じなかった。車を持たない生活は健康にも良いし、何よりＣＯ２（二酸化炭素）を出さず環境に優しい。私のささやかなポリシーだった。

あるウェブサイトに車の費用と生涯維持費が出ていた。20歳から70歳までの50年間、普通車に乗り続けるとした場合の試算だ。まず車の購入費に２４５０万円、維持費に２７５０万円、合計５２００万円にもなるそうだ。軽自動車の場合はもう少し安くなり、それぞれが９３０万円、１９００万円となり合計２７００万円となる。このように車種による違いもあるが、平均的には一生涯でおよそ３５００万～４０００万円かかるそうだ。ちょっとした家が購入できる金額だ。

第4章

車を持たない場合でも、私も家族も電車やバス、ときにタクシーを利用するのでこの試算額をセーブしたことにはならないが、おそらく2000万円から3000万円くらいは節約したことになるのではないかと思う。

この節約分を海外一人旅に回していると説明すると、家族や周囲の人たちは「なるほど」と一応は納得(?)し、文句は言わない。要はお金をどう使うか、の問題だと思う。私は車ではなく旅行を選んだということだ。

# ■あとがきにかえて　◎一人歩き、その後

## 1　パンデミック

海外一人歩きは2020年から本格的に流行し始めた新型コロナウイルス感染症のパンデミックによって中断を余儀なくされることになった。

感染が世界中に広がろうとしている最中、私はタイのチェンマイで1月から3月まで2カ月間の予定でロングステイを楽しんでいた。しかし帰国予定の3月に入ると、チェンマイでも中国人観光客の間で感染者が出始めるようになってきた。すると予約してあったC航空がキャンセルとなるやいなや欠航便が増え始め、帰国便の航空券が取りづらくなってきた。のんびり構えていると日本に戻れなくなる可能性も出てきた。

慌ててインターネットでチケットを検索すると、A航空の便に空席があり即購入。日程を短縮しての慌ただしい帰国となった。

案の定、私の友人K氏は1週間後に帰国を予定していたため、すべての便が欠航となり

日本に帰る術をなくし大変な事態に巻き込まれることになる。結局、彼は1年間、チェンマイに留め置きとなり、私はぎりぎりのところで運良く帰国が果たせたのだった。

## 2　体調不良と検査

帰国して1年が経ったころ、胃に不調を感じるようになった。食後すぐソファに座ると胃のあたりに不快感を感じ、立っていると少しましになる。胃になにか異変があるのではないか漠然とした不安はあったが、すぐ病院に行くほどでもない。パンデミックはまだ続いており、病院は押し寄せる患者で逼迫《ひっぱく》。病院そのものが感染源になりかねない不安とためらいもあった。そんな状態が半年ほど続いた。

2021年の夏の終わりころ、突発性難聴で耳鼻科に行った帰りに、急に内科クリニックにも立ち寄ってみようと思い立った。理由は単純で、いつも混み合っている時間帯なのにドア越しに見える玄関の靴が意外と少なかったからだ。

そのときはしばらくしていない胸のX線検査をして腹部の詳しい検査のために総合病院を紹介してもらうつもりでいた。ところが検査の結果は意外なものだった。胸の写真に直径数㎜の丸く白い影がくっきりと写っていたのだ。以前に撮った写真にはない異常な影だった。

結局、腹部の検査よりも肺のX線CTを優先した方が良いということになり、近くのS病院で胸の検査の予約を取ってもらった。

検査の結果は依頼元のクリニックで説明を受けることになっていたが、数日間待つのももどかしくその場で説明を求めたところ、今回は特別ということで居合わせたX線専門医から詳しい説明をしてもらえることになった。

結果はこれまた意外なものだった。X線の照射方向と肺の血管の走行方向がたまたま一致したため、血管の断面がくっきり白く写ってしまったというのだ。まずは一安心ということで、腹部の超音波エコーと胃カメラ、大腸内視鏡の予約をして帰った（以前内視鏡で大腸がんを切除した）。

その後これら3つの検査もすべて異常なしという結果だったが、なぜか簡単にできる血液検査が抜けていた。担当医にこのことを話すとすぐ採血しましょうということになったのだが、気になる腫瘍マーカーの項目が入っていなかった。そこで腫瘍マーカーも依頼して退室。

これで必要な検査はほぼすべて受けたことになる。後は血液検査の結果を待つのみだった。

## 3　検査結果

血液検査の結果は衝撃的だった。１年ほど前には正常値だった膵臓がんの腫瘍マーカーCA19－9の数値が正常値を大きく超えていた。膵臓がんの可能性が高い。１週間後のX線CTでは膵頭部に３㎝ほどの黒い影が写っていた。

たまたま立ち寄ったクリニックの検査から1カ月半。皮肉なものでやっとたどり着いた最後の検査で胃の不快感の原因が膵臓がんだったことが判明した。膵臓がんは他のがんとは違って5年生存率が８％と極めて低い最強のがん。死の宣告を受けたようなものだった。しかしその一方で「遂に来たか！」というどこか冷めた思いもあった。

私は30代のころ胆石の発作で何度も急性膵炎を繰り返したことがあり、将来膵臓がんにかかるリスクが高いと予想していたからだ。しかし、70歳直前の身にはまだ10年早いんじゃないかとも思った。好きなテニスや旅行、トレッキングなどをしていてもまだ身体の衰えを感じないのに……。あと10年は好きなことができると思っていた。

すぐに検査入院し詳しく調べた結果、膵臓がんの診断が確定した。ステージはⅠb、手術可能な状態だった。３㎝もあって手術可能とは意外だったが、主要な血管の周りにがんがないことが幸いしたようだ。膵臓がんは一般に進行が速く、発見された時点で7割が手術ができない状態まで進んでいるという。手術できるだけまだましだと思った。

同時にこのまま放置すると、進行するがんに圧迫されて膵胆管が詰まり黄疸を起こす可能性があるなど危険な状態にあることもわかった。そこで膵胆管が詰まらないようにステントを入れる処置を受けることになった。

ところがこれがいけなかった。その日の夜にステントが外れ急性膵炎の激痛に見舞われた。若いころに何度も経験した非常に激しい痛みだった。翌日、再度外れにくいステントが挿入されたものの数日間絶食。1週間の検査入院の予定がさらに4日間延長するはめになった。

## 4　病院の選択

手術を前に家族に対して手術の方法やリスクについて外科から説明があった。まず膵頭部のがんを切除し、同時に十二指腸も切除。切除後は残った膵臓を小腸につなぎ合わせて膵液が小腸に流れるようにし、胆管と小腸、胃と小腸もつなぎ合わせるという大手術となる。手術時間はおよそ9時間と言われた。

インターネットで調べると、S病院の膵臓がん手術は年間10例ほど。京都府内では20番目くらいだ。私の兄姉は、手術数の多い他の病院や姉の住まいに近いM県の大学病院などを勧めてくれたが、S病院では10日後の手術が可能だという。経験豊富な病院を選ぶか早期の手術を優先するか、多少の迷いはあったが私は病状からして早い手術の方がベターだと思った。ステントを入れたとはいえ膵胆管の閉塞が気がかりだったし、進行の速いがんには少しでも早い手術を優先した方が良いと思ったからだ。それに説明をしてくれた外科医が信頼できそうに思えた。またコロナ禍では他の病院に移り手術を受けるのは通常以上に時間がかかるかもしれない。

3日間の検討期間をもらったが、結局S病院に手術をお願いすることにした。

## 5　心の整理

膵臓がんの告知はショックだった。その瞬間からそれまで脈々と流れていた平穏な日常の時間は消失し、身近な景色がいつもと違って遠く見えるようになった。しかし一方で「ま、こうなっても仕方がないか」と冷静に受け入れる気持ちも心の片隅にあった。というのも先に述べたように自分の病歴からいつかこういうときが来る可能性が高いと思っていたからだ。まだ若い(?)とはいえ、70歳になろうとしている年齢的なこともあった。もしこれが子育て中、現役で働いている最中だったら、病気を受け入れることはもっと難しかったと思う。子どもたちのこと、仕事のことを考えると、相当落ち込んでしまったに違いない。

次に思ったことは、人生の終末が近づいているとしたら、できるだけ家族に負担がかからないようにまだ元気なうちに身の回りの後片付けをしておかなければいけない、ということだった。

検査が終わって手術のための入院まで2泊3日の外泊が許された。この3日間が後片付けの絶好の機会となり、遺言状や貯金通帳の整理、親しかった人への死後挨拶ハガキ、身の回り品の処分などけっこう忙しい時間を過ごした。またこの期間、東京に住む二男が休暇を取って我が家に手伝いに来てくれたことが励みにもなった。この終活を通して病気と終末を受け入れる覚悟を少しずつ固めていけたように思う。

また一方で「ま、いいか」となんとか割り切れる背景には、自分の人生に対する満足感もあった。詳細は極めて個人的で本書の主題とはかけ離れるが、このことを理解していただくために少しだけあえて触れることにした。

私の人生で最も思い出深いのは7年間に及ぶ古都金沢での学生生活だ。学生時代を送った1970年代は革新自治体が次々と誕生し、現在とは違って当時の若者は未来に対する希望をもって遊びや勉学、仕事に励むことができた幸せな時代だった。

私は大学の寮で麻雀や読書、友達との議論、学生運動などに明け暮れ講義をサボったせいで単位を落とし1年間の留年をくらったが、理学部に進学してからは専門の地質学や火山学に没頭した。特にゼミナールや卒論・修論の取り組みを通して多くのことを学んだ。当時の地学教室には著名な教員のもとに後に学会や専門分野をリードすることになる優れた学生・院生がたくさん集まっていたことはとても幸運で刺激的だった。

能力不足で研究者は諦めたが、その後も高校の地学教員として専門の勉強はずっと続けてきた。教育には情熱をもって取り組んだつもりだったが、空回りすることも多く悪戦苦闘の連続だった。年々管理教育が強まり、職場の自由闊達な雰囲気が損なわれていくのは教員にとっても生徒にとっても大きな損失だった。50歳代後半からは早期退職を考えるようになったが、教職について32年間、なんとか定年までやりきることができた。職場の仲間と共に取り組んだ組合の活動が大きな支えになったと思う。

2012年3月に退職してからはJICAのシニア海外協力隊の日本語教師を目指して資格を取るために半年間、専門学校に通った。協力隊では英語力も問われるのでTOEICにも取り組んだ。結局、条件が合わず海外協力隊は諦めたが、日本語教師の資格を利用して、日本にやって来る外国人やタイでタイ人を相手にいずれもボランティアで日本語を教えた。こうした経験は日本語を外国人の立場から見直す良い機会となり、本の執筆の際にも役立った。

そして趣味のテニス。学生時代にクラブに入って取り組んだテニスを週に数回、地域のグループやテニススクールでやり始めた。これは健康維持だけでなく、退職後疎遠になりがちな人間関係を再構築するのに思わぬ効果があった。退職後親しくなった人はざっと思い浮かぶだけで30人を超える。毎年冬に2カ月ほど滞在するタイでも日本人を中心にタイ人、外国人あわせて30人以上の新たな知り合いができた。様々な職業、経歴、国籍を持つ人たちとのテニスを通した交流はとても刺激的で楽しい。今までテニスをやってきて良かったとつくづく思う。

退職後の10年間、私が最も力を入れたのが海外一人歩きと本の執筆だった。訪ねた国と地域は80を超える。中には純粋に都市観光目的の旅も含まれるが、世界自然遺産など火山や地質的に興味のある場所が大半を占める。下調べやプランニングから始まって、簡単な現地調査、帰国後の写真や資料の整理、本（『地球ウォッチング』）の執筆と、ルーティン化した作業は楽しく充実した時間となった。

本や論文だけで終わらず、いろいろと注目される場所に足を運び、地球の成り立ちや歴

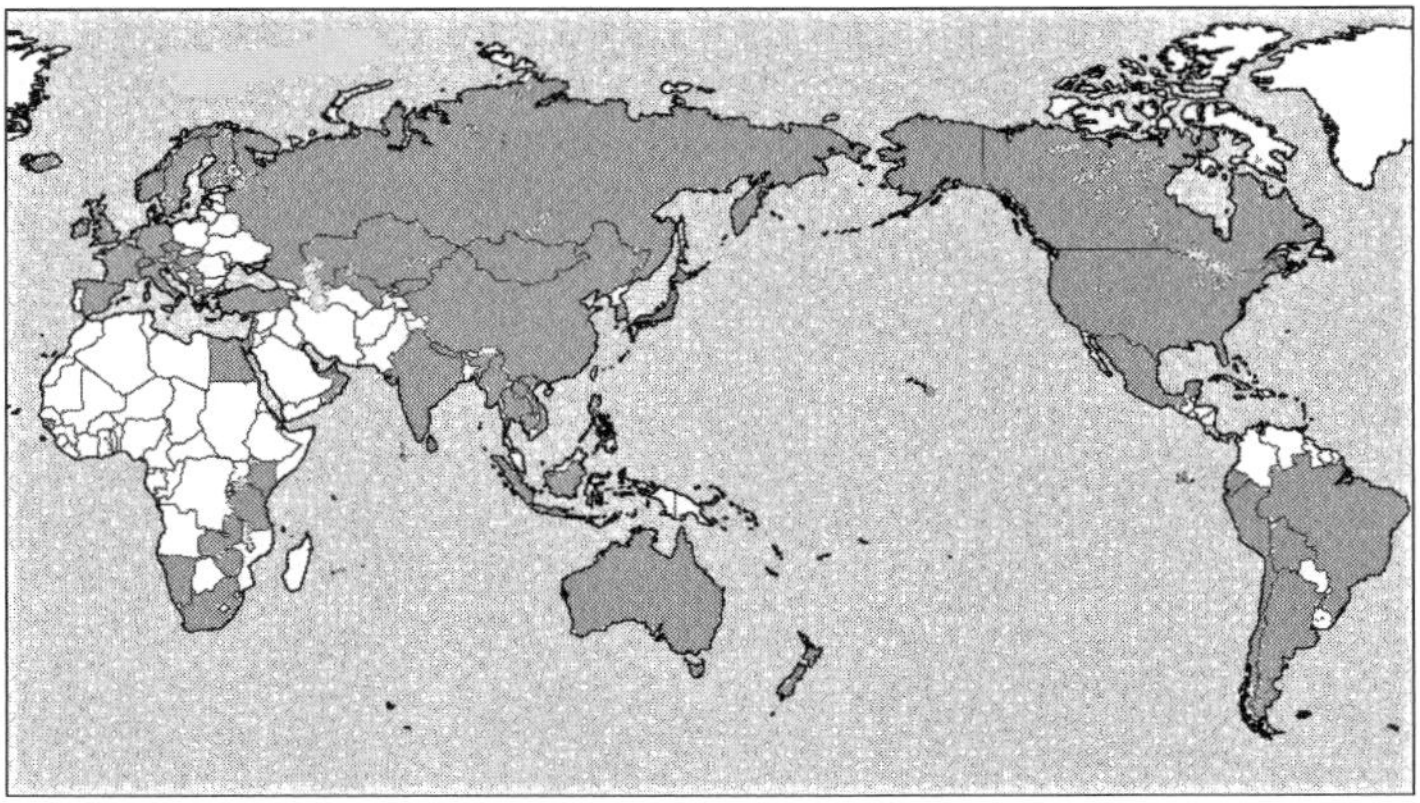

今までに訪ねた国と地域。色の濃い部分。

史を肌身で感じ学べたことは私の大きな財産となった。また自分が自然界の中でどういう存在なのかを考えることにもつながった。

こうしてざっと振り返ると、若干の問題を除けば十分に満足のできる人生だった。特に退職してからの10年間は、仕事の重圧から解放され中身の濃い自由な生活を送ることができた。

この後80歳、90歳と歳を重ねるにつれ少しずつ老いが進み、思い通りの生活ができなくなって、やがて介護が必要なときがくる。私はそこまで長生きしたいとは思わない。やはりQOL（生活の質）が大切だと思う。あと10年くらいはという未練はあるが、一方で、まだ元気なうちに後始末も済ませ兄姉、家族に見守られて人生を閉じるのも悪くはないという思いもある。

あれこれ自分の人生を振り返るうちに少しずつ病

気や終末期を受け入れる気持ちが固まっていった。

## 6　術後

8時間半に及ぶ手術は大きな問題もなく無事終わった。術後のポイントは、様々な合併症と膵臓と小腸の縫合部からの膵液の漏洩がいつ治まるかだった。

経過は比較的順調で6日後にはHCU（高度治療室）を出て一般病棟に移動。本格的なリハビリテーションが始まった。理学療法士からリハビリは身体の循環を促し回復を早める効果があると聞き、積極的に廊下を歩いて身体を動かしリハビリに努めた。

手術から3週間後、家族をよんで執刀医のM医師から手術の結果報告があった。開口一番「結果は良くなかったです。手術前はステージⅠbでしたが、結果はⅣaです」。術後順調に回復し手応えを感じていただけにショックだった。腹膜転移はなかったものの、がんは周囲に浸潤しリンパ節転移も認められた。

「こういう場合は、1年以内に再発・転移し数年以内に亡くなるケースが多いです。私は最後まで看取ってきました」

とも言われた。歯に衣着せぬ単刀直入な説明に居合わせた家族はショックだったと思う。

もう少し希望の持てる説明も欲しかったが、これが現実なので仕方がない。M医師は事実をそのまま説明しているだけなのだ。甘い希望を持ち、後になって期待を裏切られるより良いのかもしれない。この説明で終末を受け入れる決意がより強くなった。後は残された時間をどう有意義に過ごすかだ。

翌日からは今まで以上にリハビリに努めるようになった。残された時間が限られているのなら、少しでも早く退院して普段通りの生活を送りたいと強く思うようになったからだ。

このリハビリの効果は大きかった。手術25日後、身体にたくさん挿入されていた最後のチューブが外れようやく退院。合併症や膵液の漏洩が止まらず退院が長引く患者が多い中、順調な回復ぶりだと言われた。

入院期間を通して主治医のM医師からは毎朝の回診に加え様々な検査の方法や結果をその都度説明してもらい、ちょっとした雑談も交え気心が通じるようになっていた。主治医との信頼関係は安心感にもつながる。退院後の通院もある意味で楽しみとなった。

## 7 退院後

退院直後は驚くほど体力が落ちていた。体重は入院前より7kgも減り、ちょっと歩くだけで息切れがする始末。猛暑の中でもテニスを楽しんでいた3カ月前と比べ雲泥の差だ。手術がこれほど体力を奪うとは想像もしていなかった。

それでも家族の助けを借りながら少しずつ回復。10日後には姉の車で京都から長野県まで2泊3日の遠出ができるまでになった。やはり歩くと息切れがしてかなり疲れを感じたが、目的は中央と南の両アルプスが望める長男の住む街に私の墓所を確保すること、そして兄姉家族で旅行を楽しむことだったので旅のモチベーションは高かった。

なんとか用を果たして帰宅1週間後、K大病院で今後の治療についてセカンドオピニオンを受けた。やはり当面は私の身体のことを一番よく知る主治医のもとで治療を受けることを勧められた。そしてその2日後にはM医師の診察があり、抗がん剤の化学療法が始まった。

ここで私はセカンドオピニオンも参考に通院の必要のない飲み薬を選択した（週1回病院で点滴を受ける方法もある）。4週間朝晩3錠ずつ薬を飲み続け、2週間休む。そしてまた同じことを繰り返すという方法だった。この4週サイクルのことをクールを呼ぶそうだ。

抗がん剤は正常な細胞も傷つけるため様々な副作用が出る。吐き気や倦怠感、下痢、脱毛など人によって様々だ。恐る恐る始めた抗がん剤治療だったが、第1クールでは少し身体の重さを感じる程度で気になる副作用はなかった。ところが第2クールの後半あたりから食欲が減退し口内炎に悩まされるようになった。しかし我慢して食べ続けたこともあって体重が少しずつ増加、短距離のサイクリングやトレッキングができるまで体力が戻ってきた。

術後4カ月の第3クールの後半からはテニスを再開したが、足の筋力が落ちて思うように走れず足がもつれて転倒することもあった。仲間に頼んで私の出番を少なくしてもらい、なんとか息の続く限り久々のテニスを楽しんだ。X線CTや腫瘍マーカーに再発・転移の兆候がなかったのも安心材料だった。とはいえ抗がん剤の副作用で食欲不振、味覚異常には悩まされた。

第4クールが始まるころには体重が目立って増え、ほぼ手術前の状態まで回復。テニスも週3回の普段のペースに戻りつつあり、術後半年で以前の生活に戻すことができるようになった。この回復は家族や周囲の人たちには予想外だったようで、主治医のM医師からも「素晴らしい（回復ぶり）ですね」と言われ少し嬉しかった。

これ以後は良好な体調を維持し、いつも通りの生活を続けながら第5、第6クールへと進んだ。抗がん剤の副作用でよく知られる脱毛は起きなかったものの、食欲不振と味覚異常は相変わらず悩みの種だった。元気なうちにできるだけ家族との時間を楽しんでおきたいとの思いから、コロナ禍でもお盆には孫たちを含めた家族旅行も実現できた。

ところが第7クールを始める直前の検査で、これまで正常値内に収まっていた腫瘍マーカーの一部が上昇傾向にあることが判明。M医師からは1年以内の再発・転移の可能性が高いと言われていたので術後10カ月にして「遂に来たか！」という思いだった。その半面、体調はいたって良好なのに……、という思いもあり、少しショックだった。そこで第7クールが終わった時点で血液検査とX線CT検査をすることになった。

結果はX線CTに再発・転移は認められなかったが、一部の腫瘍マーカーの数値は上昇が続いていた。まだがんが数㎜以下と小さくてX線CTには写らなかった可能性が高い。第8クール終了時の腫瘍マーカーも相変わらず上昇。数値に改善が見られなかったのでより精度の高いPET－CT（陽電子放出断層撮影）検査を予約することになった。このころになると腹部の鈍痛や膨満感、体重の減少など、体調にも変化が見られるようになった。

PET－CT検査を待つまでもなく、再発・転移は確からしいと思うようになってからは、やり残している課題を急ぐようにした。

一つは『地球の成り立ちと世界自然遺産』（仮題）と、本書『わくわく・ドキドキ　海外一人見て歩き』の完成だ。校正や出版社とのやり取りなど、出版作業にはかなりのエネルギーが必要だが、なんとか元気なうちにやり終えたい。

もう一つはすでに確保してある墓所に建てる墓石の発注だ。そのために10月末に家族旅行を兼ねて長男の住む街に1泊2日で出かけることにした。初日に石材店を決めた後、2日目にロープウェイで上った中央アルプスの千畳敷カールはまれに見る好天で素晴らしい景色だった。遠くの南アルプス越えに富士山が見えるとは思いもしない発見だった。兄姉、子ども、孫たちと共に過ごせたひと時は貴重な時間となった。

帰宅後受けたPET－CT検査の結果は、予想通りだった。腹膜転移。下腹部の数カ所でピーナッツ大の腫瘍が黄色く不気味に光っていた。同席した家族は期待を裏切られがっかりしたと思う。私も同様だったが同時に、ある意味で今の体調不良の原因がはっきりして納得感のようなものがあった。

主治医のM医師からは新たな化学療法と温熱療法を勧められ受け入れることにした。治療の副作用によるQOL（生活の質）の低下をできるだけ抑えたいのが私の願いだ。

## 8　そして……

人や生き物には必ず終末が訪れる。『地球の成り立ちと世界自然遺産』にも記したが、生命が地球上に誕生して以来38億年もの歳月をかけて脈々と絶滅と進化を繰り返してきた結果として、高度な文明をもつ今の私たちがいる。もし生き物に死がなければ、ここまで進化することはなかっただろう。私たちも営々と世代交代を繰り返してきた。しかしそうはいっても人は死をそう簡単には受け入れられない。若い世代の人たちはなおさらだ。

私は70歳を超えた。日本人男性の平均寿命81歳までまだ10年もあるのに、との思いもあるが、一方で先にも記したように、見たいところを見て回り、世界中の旅をほぼ終えたところで人生の旅を閉じるのも悪くはないという思いもある。

終末を意識すると今まで何気なく見ていた風景もいつもとは違う特別なものに見えてくる。澄んだ青空に浮かぶ白い雲、空を赤く染めながら山の端に沈む夕日、野に咲く草花と飛び交う虫たち……。やはり自然は素晴らしいと思う。そして気心の知れた家族や友人たちと暮らすごくありふれた生活。こうした時間はとても貴重なものだと改めて思う。

私の旅は厳しいものになってきた。これからは気ままな「一人旅」という訳にはいかず、この間、私を励まし様々な援助をしてくれている兄姉、家族、病院の方々の力を借りながら治療に専念することになる。ここでいったん筆を置き、再起に一縷《いちる》の望みをかけたい。

# おわりに

これまでたくさんの国・地域を一人で歩いてきた。何かトラブルがあってもすべて自己責任、自分で処理しなければいけない。しかしそうしたトラブルも含め、思わぬ出会いや日常にはない楽しさが味わえる旅の醍醐味は一人旅の魅力でもある。

私が一人旅にこだわる理由は、一人とグループでは旅の感覚や質がまるで違うからだ。一人旅は楽しい。楽しさや感動を共有できる気のあった人たちと一緒の旅もまた違った良さはある。しかし他人と一緒の場合、一人旅とは違ってそこに閉鎖的なコミュニティができてしまうため、新しい世界への感覚や溶け込み方が変わってしまう。

うまく表現できないが、一人旅では絶えず自分自身で判断して行動しなければいけないため、目の前の世界への一体感のようなものが生まれてくる。その場の空気に溶け込むというか、自分も地元の一員になったような感覚といえば良いだろうか。一方の団体旅行の場合は、メンバーを意識し日本社会を引きずっている小さなコミュニティから新しい世界を眺めるといった感じになってしまいがちだ。

いったん旅に出たら日常のことや社会のことは忘れ、自然や異文化と向き合いたい。観光に出かける誰もが抱く期待だと思う。私はいつも出国審査を終え空港の出発ロビー立つと、自分がリセットされ未知の世界に向かう期待が膨らむ。読者の皆さんも一度一人旅にチャレンジしてみてはいかがだろうか。きっと新しい世界と自分を発見されると思う。

本書の「あとがきにかえて」では本題から逸れてかなり個人的なことを書いた。旅と人生の総括のつもりだが、読者の皆さんには余計な部分だったかもしれない。私にとって人生も結局は一人旅と同じようなものというつもりであえて記載した。

最後に、私の状況を理解し、様々な便宜をはかっていただいた合同フォレスト株式会社・松本威代表取締役社長に心よりお礼申し上げます。

古儀君男

2023年1月

## ■写真・図版出典

・p37　世界遺産アンコールワット
©Sam garza

・p64　パイネ国立公園
©ArnasGoldberg

・p81　スマトラ断層とトバ湖（カルデラ）
©NASA（PD）を一部改変

・p83　ガンジス川の河畔で祈りを捧げる信者
©Ekabhishek／Jeminichronicles

・p89　ニュージーランドの牧草地帯を走るキーウィ列車
©CodyCooper

・p108　リクシャー
©Vivekmangala

・p109　タージマハル
©Yann; edited by King of Hearts

・p131
地震翌日の「朝日新聞」の紙面
『朝日新聞』２００４年12月27日

・p139
デリー市内のバザールを悠然と歩く牛
©PD

・p140
マニカルニカー・ガート
©Vyacheslav Argenberg

・p143
2車線から1車線に変わる橋
©Alan Liefting (PD)

・p157
日本とヨーロッパ、アメリカ東部の地質の比較図
全国地質調査業協会連合会の図を一部改変

・p159
4つのプレートがひしめき合う日本列島
文部科学省・気象庁のパンフレット「活断層の地震に備える」を一部改変

・p163
クライストチャーチ大聖堂とミレニアムホテル
©savannahgrandfather

著者プロフィール

古儀君男（こぎ・きみお）

ジオサイエンス・ライター。元京都府立高等学校教諭。1951 年生まれ。金沢大学大学院理学研究科修士課程修了。専攻は地質学、火山学。

世界各地の自然遺産や地質の名所を訪ね歩き、地質や地震・火山などについての市民学習会を行うなど「地学」の普及に努める。

著書に『核のゴミ～「地層処分」は 10 万年の安全を保証できるか？！』（合同出版）、『地球ウォッチング～地球の成り立ち見て歩き』（新日本出版社）、『地球ウォッチング２～世界自然遺産見て歩き　成り立ちがわかれば「風景」が変わる』（本の泉社）、『火山と原発』（岩波書店）、『京都自然紀行』（共著、人文書院）『新・京都自然紀行』（共著、人文書院）、などがある。

組　版　モリモト印刷株式会社
装　幀　ごぼうデザイン事務所
校　正　北谷みゆき

**わくわく・ドキドキ　海外一人見て歩き**

**〜 新たな自分と世界の再発見**

2023年4月12日　第1刷発行

著　者　古儀君男
発行者　松本　威
発　行　合同フォレスト株式会社
郵便番号 184-0001
東京都小金井市関野町 1-6-10
電話 042(401)2939　FAX 042(401)2931
振替 00170-4-324578
ホームページ　http://www.godo-forest.co.jp
発　売　合同出版株式会社
郵便番号 184-0001
東京都小金井市関野町 1-6-10
電話 042(401)2930　FAX 042(401)2931
印刷・製本　モリモト印刷株式会社

■落丁・乱丁の際はお取り換えいたします。



ISBN 978-4-7726-6228-4　NDC 290　188×130



合同フォレスト
ホームページ

合同フォレスト SNS
facebook　Instagram　Twitter　YouTube